LIÇÕES AMARGAS

LIÇÕES AMARGAS

Uma história provisória da atualidade

GUSTAVO FRANCO

R
HISTÓRIA REAL

© 2021 Gustavo H. B. Franco

PREPARAÇÃO
Andréia Amaral

REVISÃO
Danielle Machado

DIAGRAMAÇÃO
Equatorium Design

ARTE DE CAPA
Celso Longo

IMAGENS
p. 42, "Brazil takes off" © The Economist Newspaper Limited, Londres, 12 de novembro de 2009, "Has Brazil blown it?" © The Economist Newspaper Limited, Londres, 12 de novembro de 2013; p. 67: Dida Sampaio/Estadão Conteúdo; p. 109 © bpk; p. 130 © AP Photo/Image Plus; p. 187 © Shutterstock; p. 188 © Polícia Federal. Reproduzidas com autorização.

CIP-BRASIL. CATALOGAÇÃO NA PUBLICAÇÃO
SINDICATO NACIONAL DOS EDITORES DE LIVROS, RJ

F895L
   Franco, Gustavo, 1956-
     Lições amargas : uma história provisória da atualidade / Gustavo Franco. - 1. ed. - Rio de Janeiro : História Real, 2021.
     256 p. ; 18 cm.
     isbn 978-65-87518-11-4
     1. COVID-19 - Aspectos políticos. 3. covid-19 - Aspectos sociais. 4. COVID-19 - Aspectos econômicos. 5. Reforma política - Brasil. I. Título.
21-70542   CDD: 320.981
                     CDU: 32:(616.98:578.834)(81)

Meri Gleice Rodrigues de Souza - Bibliotecária – CRB-7/6439

[2021]
Todos os direitos desta edição reservados a
História Real, um selo da Editora Intrínseca Ltda.
Rua Marquês de São Vicente, 99, 3º andar
22451-041 — Gávea
Rio de Janeiro — RJ
Tel./Fax: (21) 3206-7400
www.historiareal.intrinseca.com.br

Para minha mãe

Sumário

Apresentação 9

1. As reformas 17
   1.1. A invenção das reformas 23
   1.2. O consenso não era de Washington 25
   1.3. As melhores e as piores práticas internacionais 33
   1.4. Reformar a ideia de reforma 43

2. A ciência 47
   2.1. Lembranças da Revolta da Vacina 50
   2.2. O coronapopulismo 57
      A incrível narrativa da cloroquina 65
   2.3. Uma teoria geral da insensatez 69
      As leis de Cipolla 76
      Experimento 1: a cretinice em um modelo evolucionário 84
      Experimento 2: a cretinice partidária e o teste da brotoeja ... 91

3. O Estado 101
   3.1. O carrapato, a vaca e o casamento arranjado 104
   3.1. O tamanho do Estado (1): o negacionismo fiscal e o teto de gastos 115
   3.1. O tamanho do Estado (2): a pandemia e a guerra 121
   3.2. A responsabilidade fiscal não prejudica as políticas sociais 124
   3.3. Chernobyl e a nova privatização 127

4. Os Juros 135
   4.1. Juros de Primeiro Mundo, pela primeira vez 138
   4.2. A "sociologia" do juro baixo 144
   4.3. O fundamento para o juro baixo 151
   4.4. O mercado de capitais e o *crowding in* 156

5. Tópicos especiais e assuntos inesperados ... 165
   5.1. O mundo do trabalho: *gigs* e o *kurzarbeit* verde-amarelo 166
   5.2. As empresas *zumbi* 173
   5.3. O futuro do dinheiro 180

6. A abertura 193
   6.1. Nosso minúsculo grau de abertura 198
   6.2. Globalização e empresas multinacionais 208
   6.3. O Brasil e sua globalização espontânea 214
   6.4. O isolacionismo brasileiro 224

Notas 229

Apresentação

2020 será sempre lembrado não apenas como um ano estragado, repleto de tristeza e decepção, mas também pela teimosia em não terminar. Foi bem mais longo do que o habitual, ouço falar que se estenderá até o verão de 2022, quem sabe mais. Vai acabar quando estivermos todos vacinados, e vai faltar um pedaço do calendário e da existência. Muitos perderam muito mais: são milhares, milhões de vidas subtraídas ou desarrumadas, desempregadas e desenraizadas.

2020 foi uma década perdida.

Ainda por cima, as ações e omissões do governo, suas desculpas e narrativas atrapalhadas, piadas de péssimo gosto e falas arrogantes, tudo isso compõe um quadro tenebroso. As autoridades já pareciam atarantadas quando o problema era apenas ter de retomar o crescimento num país meio enferrujado, meio dividido e confuso. Com a pandemia, e muitas decisões ruins, foi a tragédia sobre a tragédia, inclusive política, um naufrágio do qual as lideranças políticas tentam sobreviver atrapalhando-se uns aos outros, amontoando-se sobre os botes salva-vidas, tumultuando o resgate e prejudicando o salvamento.

Seria ótimo falar de tudo isso no passado, batendo na madeira, silenciosamente festejando o seu final. Mal podemos esperar para tratar de 2020 como história acabada, sendo certo que o ano entrará para a triste galeria onde estão 1914, 1929 e 1939, no século XX, ou 2001 (9/11) e 2008, no século XXI, anos de eventos terríveis, cuja extensão e consequências não se conseguia vislumbrar enquanto estavam acontecendo.[1]

O pesadelo prossegue, portanto, não conseguimos ainda deslocá-lo para o terreno da memória, não há direito adquirido a um ano tranquilo e próspero em 2021, e adiante. Na vida real não existem esses direitos. Nem leis de compensação. Não adianta se queixar ao bispo, ao Legislativo ou ao magistrado garantista: terá 2020 sido inconstitucional?

É melhor não perder tempo pensando nisso, e se tiver sido?

Há certo conforto em acreditar que existe uma lógica nisso tudo: um pecado e um castigo. Cumpre-se a pena, e o jogo prossegue. Ou não. Seria uma revolta da natureza contra as ambições humanas de controle e progresso? Germes, insetos e o clima, todos contra as pretensões pecaminosas da humanidade. Como lidar com essas forças usando inteligência artificial, *machine learning* e *python*?

Prometeu – o arquétipo mitológico do desafio ao saber estabelecido e metáfora habitual de historiadores para a inovação tecnológica e para o enredo do conhecimento proibido – rouba o fogo dos deuses e obtém um castigo terrível: uma águia devora-lhe o fígado todos os dias, mas durante a noite o órgão se regenera e o suplício se repete no dia seguinte, todos os dias, pela eternidade. A pior parte, note-se, é a repetição.

A propósito da experiência existencial na pandemia, em *A peste*, de Albert Camus, há um sermão inesquecível do padre Paneloux que, primeiro, procura unificar seu rebanho: "Pensastes que bastaria visitar Deus aos domingos para ficardes com vossos dias livres. Pensastes que algumas genuflexões pagariam suficientemente o vosso desleixo criminoso." Antes da salvação, segundo essa lógica, é preciso escolher uma igreja.

Em seguida, o padre fornece conforto por meio de uma tese utilitária e falsa: "Os justos não podem temê-la, mas os maus têm razões para tremer." Sim, é uma variante da ideia de que existe algum salvo-conduto espiritual, ou moral, durante a peste, que se sabe não existir. Outro formato, ainda mais impressionante, da mesma tese, veio da máxima segundo a qual "quem é feliz não pega covid", o que se tornou lugar-comum no Ministério da Saúde, na gestão do tristemente célebre General Eduardo Pazuello.[2] É a velha tese do "nós" e "eles", sendo que doença seria apenas para "eles", os "outros", mas não há garantias.

A pandemia disparou controvérsias econômicas acerbas e experimentos importantes. As lições desse ano difícil têm imenso valor, todas elas lições amargas, obtidas à custa de muito sofrimento e privação. É disso que se trata neste volume. A vida econômica continua, teimosamente; é preciso entender, assimilar e seguir. É simples: quem não aprende, não passa de ano, fica para trás, enquanto o resto da classe avança. Vale refletir sobre o que restou da agenda econômica anterior, das inúmeras questões com cuja falta de solução já estávamos acostumados e das reformas que ficaram velhas antes mesmo de acontecer. Tudo parece ter ficado mais agudo e urgente, assim como parece ter reduzido a nossa tolerância com a procrastinação. Ou não?

Muita gente fala que vamos sair melhores dessa crise. Quero muito acreditar nisso. Cada um de nós tem a sua história, meio idílica ou não, sobre como a vida vai ser melhor depois desse contato com a covid-19. Seremos mais tolerantes e solidários, produtivos e criativos, ou os mesmos, apenas mais pobres, ressentidos e machucados? Os problemas econômicos ficarão piores e mais ásperos, ou a adversidade terá estimulado a criatividade a ponto de nos trazer inovações engenhosas que vão simplificar nosso caminho na direção da prosperidade?

Há muitas teorias, conforme as nossas flutuações de humor. Cada um tem a sua. Há também muito "viés de confirmação", como se diz, todos acham que a pandemia serviu para atestar o que já pensavam. Para o bem e para o mal.

Muitos assuntos continuam sem solução. História e historiador são sempre inseparáveis, como se verifica mais uma vez. O que não necessariamente quer dizer que tudo é narrativa, voltaremos a esse assunto mais adiante, ao tratar da cretinice que assolou o país.

É claro que é possível retirar do episódio algumas lições para o dia seguinte, relativamente limpas da guerra cultural, mesmo que sejam cruéis demais para serem debatidas na TV, com a ressalva importantíssima de que são provisórias, já que a única coisa clara é o nevoeiro.

A experiência da pandemia, por ora, parece mais longa, torturante e profunda do que qualquer um estava preparado para admitir em 11 de março de 2020, quando a OMS definiu o surto da covid-19 como pandemia. As surpresas foram se acumulando, não parecem ter se esgotado, e o ano de 2020 terminou sem acabar, para o desespero de todos nós.

Por isso mesmo pareceria precário e arriscado dedicar-se às lições de um episódio ainda em pleno andamento, mas há bons motivos para refletir sobre o que se passa, por mais transitório que seja.

Toda história com algum ingrediente de atualidade é sempre prematura, pois os fatos parecem nunca estar totalmente acabados e compreendidos[3]. Portanto, a história escrita é sempre um relatório de andamento, parcial e tentativo por natureza, cuja provisoriedade é incômoda e inevitável, eis que o presente ainda não virou passado. "O que é, com efeito, o presente?" – pergunta o historiador Marc Bloch, ao observar que assuntos com "coeficiente muito forte de contemporaneidade" não deveriam ser misturados necessariamente com o "restante do passado". Mas quão remoto precisa ser o passado para se tornar história?

> "a partir de 1830, já não é mais história", dizia-nos um de nossos professores de liceu, que era [muito] velho quando eu era jovem: é política. Não diríamos mais "a partir de 1830" ...nem "é política". Antes, num tom respeitoso: "é sociologia"; ou, com menos consideração, "jornalismo".[4]

De todo jeito, guias provisórios, indicações de obstáculos e diretrizes de contingência são sempre muito úteis para a navegação em mares revoltos, sobretudo quando os mapeamentos definitivos somente estarão disponíveis bem depois de a jornada terminar, quando, então, terão pouca utilidade.[5]

Este pequeno livro se debruça sobre a atualidade, um tema sabidamente perigoso, pois tudo é dinâmico e incerto, mais do que antes. Por conta disso, ninguém mais faz livros; as pessoas fazem *posts*, textos para durar menos que uma tarde.[6] Talvez essa seja a literatura do futuro, aquilo que nossos descendentes verão quando se debruçarem sobre o passado. Talvez continue sendo através de livros, oxalá! O formato altera o modo como a memória se organiza e o livro compromete os autores com ideias mais duradouras.

Pois bem, nesse mar revolto em que nos encontramos, este livreto é como uma mensagem colocada dentro de uma garrafa jogada no mar. O antigo hábito pressupõe garrafas de vidro hermeticamente seladas, papel e tinta de certa qualidade. Essa mensagem vai durar muitos anos, certamente mais do que um *post*. Para desespero dos ambientalistas, o plástico leva muito tempo para se degradar, o vidro mais ainda. Já as ideias, não têm prazo de validade.

O fato é que a vida econômica segue e já estava mesmo na hora de algumas correções de rumo. Vejamos se este relato, meio caminho entre o registro e o lamento, ou o desabafo e a coleção de lembretes, pode nos ajudar a refletir sobre alguns assuntos importantes.

Capítulo 1
As reformas

Bem antes da pandemia, o andamento da economia já era frustrante.

No final dos anos 1980 a expressão "década perdida" ainda chocava observadores treinados a tomar o "milagre econômico" como nosso futuro provável, um "lugar conhecido", onde tínhamos estado, ainda que por breve momento, mas para onde estávamos fadados a retornar. O mito do milagre ficou conosco durante muitos anos, acho que só nos escapou recentemente, diante da acumulação de decepções.

Havia uma certeza sobre essa vocação. Aceitávamos, meio a contragosto, a condição de economia "emergente", mas era questão de tempo.

É difícil dizer se o otimismo, assim ingênuo sobretudo, não leva à preguiça. O problema é que esse futuro idealizado está longe de ser inevitável, não estamos condenados ao sucesso, tampouco ao fracasso; vai depender do que fizermos, nosso destino está onde sempre esteve, em nossas mãos, mas há uma síndrome nacional antiga, a de achar que vamos ficar ricos sem trabalhar, por conta de algum evento mágico, a descoberta de uma jazida ou de um choque econômico heterodoxo.

O Brasil adora um remédio milagroso.

Esse tipo de advertência, no passado, poderia servir para moderar nossa propensão ao autoengano, mas depois de tanta procrastinação, de algumas décadas perdidas e da pandemia, é preciso mudar o tom. Muitas portas já se fecharam, perdemos um tempo irrecuperável e talvez não seja mais possível retornar à primeira divisão. Exceto por um truque no "tapetão".

Primeiro foi a hiperinflação. Com o tempo, ainda no século XX, fomos verificando que, de um lado, a receita desenvolvimentista juscelinista não funcionava mais; e, de outro, o mundo parecia irreconhecível, seus desafios não estavam codificados em nossos planos plurianuais de desenvolvimento, constitucionalmente incorporados na dinâmica orçamentária desde 1988. Em seguida, depois de resolvido o problema da moeda, ficou claro, também, que não há atalhos para a prosperidade e que mesmo uma descoberta espetacular, como a do petróleo da camada pré-sal, pode funcionar ao contrário.

Era para termos entrado para o Primeiro Mundo nesses últimos 30 ou 40 anos, mas fracassamos. Não apenas continuamos emergentes, como agora a maldição que assomou a Argentina no século XX – terminar o século mais pobre do que começou – parece muito próxima do Brasil do século XXI.

Na verdade, lamento informar, essa maldição é tão nossa quanto dos *hermanos*. Estranhamente fingimos não enxergar que o nosso século XIX foi um estrondoso fracasso econômico, que criou um abismo jamais recuperado entre nós e os americanos, com quem tínhamos condições próximas ao final do século XVIII. A renda *per capita* brasileira estagnou da Independência até o final do século, enquanto a americana quadruplicou. Em dólares constantes, a renda *per capita* brasileira de 1904, ano da Revolta da Vacina, foi exatamente a mesma – 713 dólares constantes de 1990 – que a de 1820.[7] Em seu conjunto, o Império foi um desastre econômico.[8] Portanto, não é a primeira vez que experimentamos uma estagnação prolongada sem perceber.

A historiografia cultiva um olhar benigno sobre o Império, exaltando a estabilidade das instituições e sobretudo a preservação da unidade territorial, um contraste positivo considerando a vizinhança. Porém, é impossível dissociar o péssimo desempenho econômico do Império de uma equação política viciosa, da qual faziam parte não apenas a escravidão, como os impedimentos à livre iniciativa ricamente resenhados na agonia do Visconde de Mauá.

Na verdade, foi o exato rompimento dessa equação que transformou a quartelada de 15 de novembro de 1889, um tanto inesperadamente, no nosso primeiro e mais confuso "choque de capitalismo". As reformas econômicas da ocasião, a Abolição entre elas, simplesmente atrasaram demais.

Como seria o Brasil se tivéssemos nos livrado desse "modelo econômico" meio século antes?

Essa experiência fundadora é muito útil para o debate contemporâneo sobre reformas, pois, segundo se alega, não estamos prontos, ou os perdedores se julgam injustiçados e pleiteiam um adiamento, para o governo seguinte, ou, idealmente, para a próxima geração. É sempre a mesma conversa, como se a obsolescência fosse inconstitucional e as boquinhas pudessem sempre durar mais uma década ou duas.

Sim, o Brasil é o país da procrastinação, e nessa terra a lentidão é "protocolar, litúrgica, dignificante", tanto que o Brasil "não tem problemas, apenas soluções adiadas", conforme ensina Luís da Câmara Cascudo.

Mais uma vez, estamos no limiar de uma nova rodada de reformas e, coincidentemente, à beira do precipício. Na verdade, no país da procrastinação, a proximidade do precipício parece se mostrar essencial. Talvez não exista outra forma de romper com as amarras, senioridades e privilégios que oneram o nosso futuro que a antevisão de um gigantesco e vexaminoso abismo, cavado por nós mesmos, cujo fundo nem se consegue vislumbrar.

E assim, chegamos ao limiar da terceira década do século XXI com a medicação equivocada, contando "décadas perdidas" e "voos de galinha" em quantidades impensáveis, uma aritmética desoladora para um país que outrora ostentava a certeza de que estava predestinado à prosperidade. Não se pode mais dizer que são erros isolados, episódios que não alteram nosso destino econômico de glórias.

A ideia de reforma é muito útil. Essencial, na verdade. Mas a agenda mudou, bem como sua urgência. As reformas de que falávamos em seguida ao Plano Real não são necessariamente as que fariam melhor o Brasil pós-pandemia, pois os problemas ficaram mais difíceis. As variantes em matéria de procrastinação, bem como as dificuldades de execução, se tornaram exasperantes.

Este capítulo se organiza em quatro seções: as duas primeiras tratam do surgimento da ideia de reforma; as duas que se seguem argumentam sobre as novidades nesse tema.

No início, as reformas estiveram ligadas às transições dos anos 1980 e 1990, pertinentes à recuperação e transformação das economias socialistas. Outras economias emergentes aproveitaram a onda para energizar suas agendas de desenvolvimento, mas com resultados muito desiguais. O Brasil estava no pelotão da frente quando surgiu a ideia do Consenso de Washington, mas, exceto pelo sucesso em livrar-se da hiperinflação, o que não foi pouco, o país exibiu progressos modestos nos campos das reformas e do crescimento econômico. Terá sido porque fez as reformas do Consenso de Washington, ou porque não as fez?

Afinal, nossos problemas são causados pelas reformas, ou pela falta de reformas?

Essa pergunta ainda ecoava quando a pandemia teve início e as urgências se alteraram, na intensidade e no foco. Novos temas se apresentaram, enquanto velhos impasses ganharam nova importância e se mostraram em novos ângulos. Uma onda de reformas seguindo-se à pandemia talvez possa ser transformadora e abrir novas possibilidades de progresso. Mas parece claro que é preciso reformar a ideia de reforma, tal como vem sendo experimentada.

1.1. A invenção das reformas

O fracasso continuado do sonho desenvolvimentista, ao menos em seu formato canônico juscelinista, a degeneração dessa mitologia em hiperinflação, seguida da reconstrução da moeda em 1994, resultaram em estabelecer a ideia redentora de "reforma", ou de "reformas", no plural, como consertos de natureza variada ao ideal do desenvolvimento, mas com o intuito de criar um novo sonho, o qual, todavia, ainda teima em permanecer meio vago, indefinidamente aprisionado em um labirinto interminável de concepção e negociação.

Sim, "reforma" é a palavra que tem capturado, ainda que apenas como invólucro de um novo futuro, a necessidade de um novo modelo econômico, que precisa ser mais detalhadamente especificado, e o reconhecimento implícito, e meio ocioso, de que o velho modelo JK se esgotou, ou a ideia de que é preciso reverter muitas práticas que não estão funcionando.

Reforma é o novo substantivo para o sonho, ocupando o lugar que antes cabia ao "desenvolvimento".

Entretanto, a ideia de "reforma" se organizou no formato de módulos temáticos determinados pelas distorções mais flagrantes dos anos 1990, grandes e transcendentes reformas a serem implementadas em grandes fornadas, pois era o tempo do colapso do socialismo e da reconstrução econômica dos países da Cortina de Ferro. A ideia de reforma surgiu como reconstrução total, reinício, redefinição. É preciso reformar essa ideia, trazê-la para a nova realidade do Brasil que emerge da pandemia. É claro que precisamos ainda mais desesperadamente de reformas, mas seriam as mesmas? O que aconteceu com as da primeira safra?

Desde quando entraram para as prioridades nacionais, as reformas no Brasil ficaram aprisionadas a um gradualismo deliberadamente excessivo e a movimentos pequenos, tardios e invariavelmente insuficientes, à mercê de corporações enfurecidas, lideranças grisalhas amedrontadas, ou ambos, de tal sorte que, desafortunadamente, a ideia de "reforma" virou parte do *establishment*, um componente essencial da continuidade.

As reformas ficaram paradas no tempo, como Brasília, o futuro que não houve.

É estranho, mas não surpreendente, que nossas reformas ainda estejam estacionadas na pauta do início dos anos 1990 – o "choque de capitalismo" –, que, infelizmente, ficou pela metade. Não é que o Brasil precise adotar um capitalismo selvagem do tipo chinês, mas é necessário se livrar de traços anticapitalistas tremendamente prejudiciais ao progresso. O Brasil ainda possui uma quantidade obscena de empresas estatais, de obstáculos à importação, de obrigações tributárias acessórias e de tribunais do trabalho. Essas distorções não são meras exceções à ordem econômica fundada na "livre iniciativa" de que fala a CF (art. 172, IV): exceções em grande quantidade compõem a verdadeira regra, um mosaico de regras individualizadas, cada corporação tratada da forma seletiva que melhor lhe cabe.

O Brasil ainda está preso a um anticapitalismo selvagem.

1.2. O consenso não era de Washington

Procrastinamos teimosamente as reformas pró-mercado adotadas pelo chamado Consenso de Washington, de birra com Washington – a conferência que deu origem a essa expressão[9] poderia ter ocorrido em qualquer outro lugar, qualquer hotel quatro estrelas, com tarifas especiais para convenções de médio porte. É claro que a reunião poderia ter ocorrido, por exemplo, em Sergipe, mas o pessoal de Washington ficou com preguiça de viajar, ou não tinha verba. Suponho que se o consenso fosse de Aracaju,[10] e bem poderia ter sido, pois as receitas eram conhecidas e vinham sendo aplicadas em muitos lugares, as "reformas" poderiam ter sido mais fáceis. Muita gente implica com Washington, não conheço ninguém que tenha problemas com Aracaju.

É claro que não é tão simples. A birra ia bem além do neoliberalismo e dos membros do grupo que John Williamson, o pacato professor inglês que organizou a conferência, incluía no seu conceito de "Washington".[11]

A oposição às reformas pró-mercado no Brasil tem uma longa história, um passado glorioso e um futuro promissor; era o que Roberto Campos dizia sobre a burrice nacional. A esse respeito, vale reproduzir um comentário antigo, mas infelizmente ainda verdadeiro:

> [...] no mérito, o que parece cada vez mais evidente é que existem sim práticas e instituições no terreno da economia sobre as quais é muito difícil discrepar. ... [e] ainda é muito difícil que um país seja advertido que o seu déficit fiscal é irresponsavelmente grande ou que o excesso

de regulação atrapalha o funcionamento eficiente dos mercados. Pelo menos sem que isso seja interpretado como uma impertinência e uma invasão à soberania. Parece prevalecer uma postura de que todo país é livre para fazer a confusão que bem entender na sua própria economia. De acordo com essa lógica, a adesão a princípios geralmente aceitos para a boa política econômica é considerada uma abdicação do ideal de "nação", a submissão ao "modelo neoliberal" preconizado pelo maldito "Consenso de Washington". Como se fosse sagrado o direito a fazer bobagem em política econômica.[12]

Williamson foi incansável, desde a publicação de seu texto em 1990, em reafirmar que sua lista de reformas era inofensiva e absolutamente consensual entre economistas, mesmo entre os heterodoxos (certamente os de Washington), e que não era para se tornar a caricatura que se transformou em debates de alta octanagem ideológica. Ademais, perguntava em 2008, em *paper* numa coletânea organizada por economistas do campo heterodoxo, "se as batalhas eram essencialmente semânticas, por que nós todos não saltamos sobre esta cova e nos engajamos em um trabalho sério de desenvolver uma agenda de desenvolvimento atualizada?".[13]

A Tabela 1 exibe um resumo da agenda original, normalmente descrita como O Consenso de Washington, e a compara com o que se costuma considerar sua versão mais recente,[14] a agenda do relatório *Doing Business*,[15] conforme publicada regularmente pelo Banco Mundial.

A tabela classifica os temas em três grandes blocos, macro, micro e intermediário (regulatório ou interdisciplinar), sendo certo que a ênfase se modificou com o tempo, embora ainda haja uma notável sobreposição. A agenda mais recente é bastante mais detalhada nos assuntos microeconômicos e institucionais, para os quais oferece muitas métricas diferentes, que a tabela exibe com as posições no *ranking* de 2019, ou seja, a posição relativa a outros 189 países pesquisados.

O método do *Doing Business* é como o de um concurso de beleza. Para diferentes quesitos, e seguindo a mesma metodologia, obtém-se uma pontuação que permite ordenar os países em cada quesito. Em seguida, se atribui pesos aos quesitos para se obter uma nota para o país, e se organiza o grupo em ordem decrescente da maior para as menores pontuações, criando, com isso, uma certa tensão competitiva.

Na Tabela 1, a nomenclatura DB-184 refere-se ao "cumprimento de obrigações tributárias", e quer dizer que o

Tabela 1: **Consenso de Washington (1990) e *Doing Business* (2019)**

Willianson Original – 1990	*Doing Business* – 2019	Métrica
TEMAS MACROECONÔMICOS		
1. Disciplina fiscal	Superávit primário, dívida pública, sua dinâmica etc.	Risco soberano: Moodys Ba2; e S&P BB-
2. Prioridades do gasto		
3. Impostos, sistema tributário	Cumprir obrigações tributárias	DB-184
TEMAS INTERMEDIÁRIOS, REGULATÓRIOS, MACROPRUDENCIAIS, PARAFISCAIS, MULTIDISCIPLINARES		
8. Privatização		
	Leis trabalhistas	
4. Desrepressão financeira		
5. Desrepressão (liberalização) cambial	Obter crédito	DB-104
7. Regime de IDE		
6. Abertura	Abertura	DB-108
TEMAS MICROECONÔMICOS		
10. Direitos de propriedade	Regimes de insolvência	DB-77
9. Desregulamentação	Registro de propriedade	DB-133
	Proteção de minoritários	DB-61
	Obediência aos contratos	DB-58
	Abrir e fechar empresas	DB-138
	Autorizações e alvarás	DB-170
	Obter eletricidade	DB-98

Fontes: Williamson (1990) e World Bank Group (2020).

Brasil tinha a colocação 184 entre os 189 países constantes do relatório *Doing Business* em relação ao tempo gasto por uma empresa média para cumprir obrigações tributárias, incluindo obrigações acessórias. É uma colocação vexatória e que costuma frequentar todas as listas de justificativas para a reforma tributária.

O *Doing Business* não inclui indicadores macroeconômicos, enquanto a lista original de Williamson possuía apenas um item macro, a disciplina fiscal, o que de maneira alguma pode ser interpretado como descaso ou indiferença com esse assunto. Na verdade, em se tratando de equilíbrio macroeconômico, é difícil deixar de admitir que, de 1990 para 2019, o "consenso" apenas se consolidou, e que suas métricas mais adequadas, e mais utilizadas, são as fornecidas por indicadores de mercado, como os *spreads* sobre rendimentos de bônus soberanos, ou prêmios sobre derivativos de crédito soberano (CDSs, *credit default swaps*), que acabam sendo determinantes, juntamente com outros indicadores macroeconômicos, mormente fiscais, para as classificações de risco soberano, como as fornecidas por agências independentes.

A Tabela 1 mostra ainda os *ratings* do Brasil para as agências Moody's (Ba2) e Standard and Poor's (BB-). Em ambos os casos, em dois degraus abaixo do chamado "grau de investimento", que equivale à nota 5,0 numa escala de 0 a 10,0.[16]

Quem não lembra dos festejos e autocongratulações quando o Brasil atingiu o "grau de investimento" em 2009?

Na verdade, uma forma de compreender o que se passou, no decorrer do tempo, com relação aos indicadores macro é: o que era e permaneceu "consenso" ao longo dos anos foi alçado a um território ainda mais impoluto e incontroverso, o das "melhores práticas" internacionais, ou "práticas geralmente aceitas" internacionalmente, de que trataremos a seguir.

O Consenso de Washington relacionava dois outros temas fiscais – prioridades de gasto público e reforma tributária –, mas tinha em mente aspectos alocativos. Relacionava também três temas regulatórios em que houve considerável evolução no Brasil no decorrer do tempo – referentes à repressão financeira, restrições cambiais e ao regime regulatório do investimento direto estrangeiro. Entretanto, esses temas não tinham a mesma transcendência da privatização e da abertura, nas quais os progressos foram bem mais modestos. Para o conjunto da obra, o Brasil ocupava a posição 124 no DB-2019, uma posição nada lisonjeira.[17]

O *Doing Business* está bem longe de ser o único, ou mesmo o principal e mais popular, entre os *benchmarks* internacionais de virtudes econômicas organizadas em *rankings*. Há os *rankings* de competitividade, como os produzidos pelo WEF – World Economic Forum – e pelo IMD – Institute for Management Development, da Suíça; os de Liberdade Econômica, como os produzidos pela Fundação Heritage e pelo Instituto Fraser;[18] e uma infinidade de outros índices temáticos, como corrupção, coesão social entre muitos; quanto mais gerais, mais correlacionados tendem a ser.

A ascensão desses *rankings* a uma posição de proeminência no debate sobre reformas econômicas reflete uma importante alteração da natureza do debate sobre desenvolvimento econômico e em particular no cardápio das reformas, que se distanciou dos grandes temas transcendentais típicos das reformas de primeira geração, pertinentes ao desmonte das economias socialistas e à construção das bases de economias de mercado, e passou a enfatizar construções cumulativas de múltiplas pequenas coisas a compor conceitos amplos como "o ambiente de negócios" ou mesmo "a competitividade", ou "a produtividade".

Além disso, esses *rankings* introduziam uma sutil diferença de ênfase, ao focar no que *os outros* estão fazendo, e o que faz um país relativamente aos outros. É um movimento importante na direção do conceito de "melhores práticas", e uma mudança chave para o Brasil, que possui muitas reformas por fazer e precisa renovar o seu cardápio. A ideia de mirar nos *rankings* e adotar uma abordagem incremental pode ser a saída diante da armadilha em que nos encontramos.

Nada como uma competição internacional para nos tirar do marasmo.

1.3. As melhores e as piores práticas internacionais

Um dos progressos conceituais mais interessantes e inesperados trazidos pela experiência da pandemia tem a ver com as chamadas "melhores práticas internacionais", ou "práticas geralmente aceitas" no plano internacional.

O mundo de hoje está repleto de padrões, e essa parece ser a maneira mais evoluída de codificar as formas de se obter progresso econômico e de se assegurar uma convivência pacífica e civilizada. Existe uma larga base de conhecimento acumulado sobre como é fazer direito nos assuntos da economia, e sobre as vantagens de homogeneizar padrões, assim como nos assuntos de contabilidade e da auditoria, por exemplo, bem como na medicina e no mundo da ciência em geral.

É claro que cada país é soberano para fazer como bem entender, e é responsável se fica de fora dos padrões, problema de cada um, exceto quando se trata de assuntos com externalidades, ou seja, quando as bobagens de um país repercutem nos outros. Nessas áreas (médica, ambiental etc.), a "comunidade internacional" precisa se mobilizar para enquadrar um recalcitrante. Como se passa com qualquer federação ou condomínio.

Durante a pandemia, entretanto, o assunto das melhores práticas apareceu sobretudo em questões médicas, em vista da emergência vivida pelo planeta, mas também em conexão com questões ambientais. Questões repletas de externalidades. A palavra é do idioma economês, convém traduzir: são efeitos indiretos de uma atividade, que não entram na conta de quem tomou a iniciativa, são as consequências indiretas sobre terceiros, geralmente não esperadas nem intencionais. É fácil ver que é disso que se trata nos debates sobre vacinas e máscaras (proteger os outros, além do usuário), sobre as convenções de trânsito, na proibição de fumar em ambientes fechados e de urinar na piscina do condomínio.

O Brasil aprendeu recentemente sobre o acrônimo ESG (Environement/Social/Governance) – que já começa a aparecer em português como ASG, com referência a fatores "Ambientais, Sociais e de Governança" – pelas razões erradas, ao ser cobrado por investidores e lideranças internacionais a propósito de políticas consideradas inadequadas nesses temas. Crescentemente a captação de recursos por parte de investidores institucionais se dá acompanhada de promessas referentes às melhores práticas em assuntos ambientais, sociais e de governança.

Não é difícil entender por que o assunto ambiental ficou mais popular: há um sentimento planetário sobre o assunto, uma impossibilidade do isolamento, que se assemelha ao que se passa com a pandemia.

Não se trata de fenômeno exatamente novo.

O acrônimo ESG sucede e incorpora um conjunto de princípios que já vinha sendo adotado na indústria de administração de investimentos, sobretudo por investidores institucionais, conhecido como PRI (Principles of Responsible Investments), que teve início em 2005 como uma iniciativa do Secretário Geral das Nações Unidas, Kofi Annan, que reuniu um grupo de pouco mais de duas dezenas de investidores institucionais importantes que concordaram em se deixar orientar por alguns princípios básicos na alocação de seus investimentos. Alguns fundos de pensão brasileiros chegaram a aderir ao PRI (a PREVI, o maior entre os fundos de pensão no Brasil, foi a primeira e chegou a representar a América Latina no *board* da iniciativa).

A importância do assunto só fez crescer desde a concepção inicial do PRI. O Gráfico 1 ilustra esse fenômeno e mostra o valor dos ativos de investimento sob gestão de entidades que aderiram ao PRI, e assim ao ESG, e o número de entidades signatárias. São US$ 103 trilhões (!) sob gestão de mais de 3 mil entidades comprometidas com fatores ESG.

Deve ser claro que não há nada de errado, ou mesmo questionável, no fato de os donos do dinheiro imporem condições para seus investimentos aos profissionais e entidades responsáveis pela alocação de seus recursos. Os potenciais receptores podem ou não estar de acordo com as condições, que podem ou não ser as melhores práticas internacionais em temas ESG, ou exigências mais convencionais referentes a riscos de crédito e a requisitos de desempenho. *Money talks*. O dinheiro é deles. Se o país receptor e seus dirigentes se sentem ultrajados com essas condições resta a opção, sempre disponível, de recusar os investimentos, e lidar com as consequências.

Gráfico 1: **Recursos de investidores sujeitos ao PRI e/ou fatores ESG**
(número de entidades signatárias e recursos proprietários sob gestão)

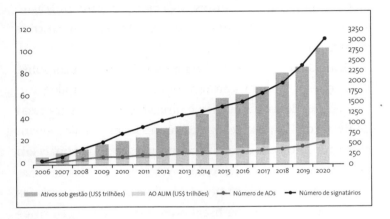

Fonte: PRI Website; AOAUM (Ativos proprietários e sob gestão das entidades signatárias).

Como é comum de se observar, nenhum país é obrigado a aceitar as condições dos organismos multilaterais – o exemplo mais comum nesse debate –, com respeito a exigências referentes às contas fiscais ou com relação ao meio ambiente. O Banco Mundial e o FMI estão fartamente acostumados a enfrentar resistências e fricções quando trabalham com "condicionalidades" (esse é o termo técnico para o uso das condições de acesso ao crédito como forma de influência sobre as políticas dos países devedores), seja porque suas condições são irreais e efetivamente impertinentes, seja porque, em contraste, são razoáveis e por isso mesmo constrangem governos recalcitrantes.

É péssimo que o Brasil tenha suscitado dúvidas sobre suas ações e omissões no terreno ambiental, e a alegação de violação de soberania não é uma boa resposta para essas queixas: como é possível que os interesses nacionais estejam em confronto com as melhores práticas internacionais em temas ambientais, sociais e de governança?

Durante muito tempo o Brasil se insurgiu contra as exigências de disciplina fiscal que vinham de organismos multilaterais, tidas como descabidas e ideológicas. Estávamos errados, e por isso fica mais difícil, em nossos dias, atacar a agenda ESG no mérito, alegando tratar-se de "capitalismo *woke*".[19]

A resistência ao ESG, como ao PRI, se assemelha ao que se vê, por exemplo, na oposição histórica de diplomatas brasileiros à adesão do país à Organização para a Cooperação e Desenvolvimento Econômico (OCDE), e, antes disso, ao que se via nas objeções às ações que levariam o país ao chamado grau de investimento (*investment grade*). Quando são mercadorias importadas, ou lembretes de estrangeiros, as "melhores práticas internacionais" parecem sempre incomodar.

No assunto da entrada para a OCDE, a contrariedade da diplomacia brasileira geralmente se baseava em um argumento pragmático e burocrático: a OCDE é um "tratado internacional" (na verdade, uma coleção deles) que compreende apenas obrigações, e não concessões e reciprocidades, como se passa tipicamente nos acordos comerciais. Por isso mesmo, muitos diplomatas experientes em negociações internacionais indagavam sobre qual seria o ganho em aderir.

É claro que a lógica de aderir às melhores práticas, tal qual se passa com a adesão a uma alimentação saudável, possui um sentido um tanto diferente.

Na verdade, já aderimos espontaneamente a muitos instrumentos e tratados próprios de países-membros da OCDE: há tempos somos "o mais elegível dos não membros",[20] apenas para descobrir, ao resolver pela chamada acessão, que muitos outros países também o desejam, e que perdemos o lugar na fila, enquanto hesitávamos sobre o assunto.[21]

O mesmo tipo de dúvida se apresentava quando o assunto era cumprir as tarefas que levariam o país a obter de agências internacionais de classificação de risco o chamado grau de investimento, um assunto ignorado por

Brasília durante muitos anos, quando não tomado como uma métrica pervertida de adesão ao neoliberalismo e ao "capitalismo financeirizado".

Entretanto, por força do acordo do Brasil com o FMI em 1998 (que duraria até 2006), das metas adotadas de superávit primário ao redor de 3% do PIB (mantidas até bem mais adiante) e do ciclo favorável das *commodities*, o Brasil recebeu o grau de investimento em abril de 2008 (pela S&P),[22] meio que por gravidade, pelo conjunto da obra, sem que tivesse trabalhado conscientemente para isso. Foi muita gritaria desnecessária nesse assunto, já que era para adotar políticas do nosso próprio interesse.

Não obstante, o aplauso do mercado, a seguir, foi embriagante e ensurdecedor: os investimentos estrangeiros vieram em grande escala, amplificando a sensação de prosperidade, conforme perceptível pela famosa capa do *The Economist* exibindo o Cristo Redentor decolando como um foguete. Ao país não restou alternativa que não a de acolher o *investment grade* como uma conquista do governo dos trabalhadores, o que garantiu uma longa sobrevida a posturas de disciplina fiscal que jamais tiveram afinidade alguma com o petismo. Parecia que a globalização e a responsabilidade fiscal haviam conquistado adeptos à esquerda, foi uma festa em Davos, ainda que São Bernardo estivesse em dúvida sobre o assunto. Mas, infelizmente, era apenas uma aliança circunstancial e efêmera, como Dilma Rousseff deixaria claro adiante.

Recentemente, um interessante movimento mais genérico na direção de "melhores práticas internacionais" foi a Medida Provisória da Liberdade Econômica (MP 881, de 30 de abril de 2019), que resultou, depois de longo processo de revisão e consolidação de outras propostas (incluídas as versões de advogados ilustres como Carlos Ari Sundfeld e Otavio Luiz Rodrigues Jr.), na Lei de Liberdade Econômica (Lei n. 13.874, de 2019).[23]

A medida mirava expressamente nas posições do Brasil nos *rankings* de liberdade econômica, mas de forma tímida: o governo não percebeu o quanto o dispositivo era promissor, inclusive no figurino, para o futuro das reformas.

É claro que seria preciso diversas outras leis de liberdade, além de iniciativas de desregulação que pudessem atacar inúmeros outros atrasos que prejudicavam o ambiente de negócios do país, mas foi o progresso possível na conturbada situação política de 2019. É provável que seja o formato mais interessante para novos encaminha-

Capas do periódico *The Economist* sobre o Brasil. A primeira, de novembro de 2009 – ano em que a Moodys deu ao país o "grau de investimento" –, refletia uma atmosfera de euforia sobre o futuro do Brasil. A segunda, de 2013, já refletia os impactos da chamada "nova matriz macroeconômica", foi um exercício de autocrítica.

mentos de reformas, comer pelas beiradas, sobretudo nos espaços infraconstitucionais.

Deveríamos ter descoberto as melhores práticas (ESG, OCDE, *investment grade*, *Doing Business*) antes. Estamos sempre uns vinte anos atrasados nesses assuntos, talvez por puro provincianismo, mas pode ser que tenhamos condições de responder o desafio com mais rapidez no futuro. Quem sabe a experiência da pandemia faça crescer o senso de urgência em se buscar reformas na direção de melhores práticas, e enfraqueça nossa propensão histórica à procrastinação.

1.4. Reformar a ideia de reforma

O Brasil perdeu o primeiro "bonde" das reformas, e com ele algo como duas ou três décadas: nosso "choque de capitalismo" foi um fiasco. Certamente o mesmo pode ser dito da performance do país em comparação com a Ásia no quesito das reformas e do desempenho econômico, um tema muito estudado na literatura técnica sobre comparações internacionais e *rankings* de desenvolvimento econômico (com ênfase, em geral, para a influência do grau de abertura, de que trataremos em detalhes no último capítulo). Estamos muito atrasados no tocante às reformas pró-mercado, e não adianta espernear: não vamos conseguir avançar sem cumprir essa etapa.

Atolamos em uma espécie de negacionismo vaidoso: nossa incapacidade de aceitar que o *modus operandi* do progresso não era o que se pensava, e para o qual estávamos organizados e adaptados. É fácil se acostumar com a ideia de que não é preciso fazer nada para ficar rico. O problema é verificar, anos depois, que a apatia simplesmente não funciona.

É claro que a opção pode ser exatamente a de não fazer essas reformas pró-mercado, o que é perfeitamente legítimo. Mas é preciso viver com as consequências, que devem ser devastadoras para os nossos sonhos de desenvolvimento econômico.

É imperativo avançar, mas não há acordo sobre como fazê-lo. No Brasil, são imensas as áreas nas quais as ditas "melhores práticas" parecem estrangeiras e distantes. Muito nacionalismo de bravata, muita ideologia de autossuficiência, de eficácia muito duvidosa e com danos à nossa convivência com outros países.

Mesmo as práticas pertinentes à sustentabilidade fiscal, que acabamos adotando depois de muita pirraça, e que nos levaram ao chamado grau de investimento – ou seja, a uma posição honrosa em *rankings* internacionais de boa gestão macroeconômica –, infelizmente, retroagiram à província da dúvida.

A heterodoxia fiscal, como outros negacionismos típicos dessa época estranha, renasceu como rejeição à medicina convencional, e assim o Brasil se enraizou novamente em números fiscais muito perigosos para os padrões convencionais, mas muitos acham que isso não é problema. Vamos voltar a esse assunto no capítulo sobre o Estado.

Por tudo isso faz-se urgente a necessidade de *reforma na ideia de reforma*, inclusive para que se torne um esforço cotidiano, inscrito em programas de produtividade, assunto que deverá estar no centro de uma renovação dos termos de referência do sonho econômico brasileiro. Por estranho que pareça, a pandemia pode ajudar, pois nos levou ao impensável e removeu interdições ao debate de certos temas delicados, como os tratados ao longo deste volume.

Caímos em uma armadilha terrível: não se consegue perceber o efeito das "reformas" dos últimos anos, pois a economia não cresce, já faz tempo, e passamos a culpar as reformas que, na verdade, não fizemos, pois ingerimos o medicamento reformador em dosagens excessivamente diluídas, com vistas a não balançar o barco.

Não é de hoje que temos uma obsessão nacional por não balançar o barco e por contornar os assuntos que levam ao gás lacrimogêneo. Essa nossa cordialidade vai nos levando a versões leves e inofensivas das "reformas", a maior parte delas, inclusive, admitimos abertamente fazer pela metade, por medo da encrenca; e outras, as mais transformadoras, vamos deixando para um "depois" bastante distante no tempo.

É como se tivéssemos encontrado uma fórmula ideal de *não fazer* "reformas", mas mantendo vivo o assunto, um aperfeiçoamento macunaímico sobre o teorema de Lampedusa: para que tudo fique muito parecido com o que sempre foi, não mudamos mesmo nada de muito fundamental, mas permanecemos cultivando o mito das reformas, gastando energias políticas e sociais, correndo na esteira, trabalhando apenas com os consensos fáceis.

Capítulo 2
A ciência

A pandemia levou a ciência para dentro dos palácios, nada a estranhar em vista da urgência e gravidade dos desafios trazidos pela covid-19. Entretanto, é preciso não perder de vista que a interação entre ciência e poder foi sempre perigosa, pois os dois lados costumam se estragar com o contato: os cientistas ficam mais cínicos, e os políticos, mais malandros.

Também muito tensa, mais do que parece, e às vezes mesmo contenciosa, é a relação entre ciência e pseudociência, um tema antigo.[24] Ao menos tão velho quanto as epidemias e a malversação do discurso científico, mas que ganhou enorme atualidade com o conceito de pós-verdade, a palavra do ano para o *Dicionário Oxford* em 2016, quando

Donald Trump se elegeu presidente dos EUA, início oficial da Era Populista. Velhos também são os desentendimentos entre economistas de diferentes escolas, de que resulta um certo desconforto com os *experts* dessa especialidade.

Este capítulo está organizado em três seções e algumas digressões laterais.

A primeira trata de uma referência histórica preciosa e instigante, a Revolta da Vacina no Rio de Janeiro de 1904, um episódio que vai ficando cada dia mais atual, ainda que pareça emergir das páginas do realismo mágico.[25] Existem outras ocorrências de epidemia no país, e a gripe espanhola foi certamente uma experiência marcante e mais grave, com muitas lições para a atualidade,[26] assim como outras revoltas populares no começo do século, mais sérias e mais sangrentas.[27] No entanto, nenhum outro evento sobrepõe e mistura as duas experiências, a crise sanitária e a revolta popular, como a Revolta da Vacina.

A seção 2.2 discute o que se apresenta como um extraordinário enigma: como é possível que países inteiros sejam enganados nos temas da pandemia e levados a políticas públicas catastróficas diante do desafio de se defender da covid-19?

As respostas de governos populistas à pandemia foram trágicas, é muito difícil explicar sua racionalidade, não sem mergulhar um tanto na lógica do próprio fenômeno do populismo e suas conexões com a ideia de "pós-verdade", entendida como fenômeno cultural de amplas implicações políticas. A abordagem "populista" à pandemia é tributária de uma postura genérica desses regimes de hostilidade à *expertise* e à tecnocracia, nessas e em outras instâncias, recusando a mediação de políticos e da mídia, e mesmo de cientistas, quando se trata da interlocução entre a liderança e o "povo".

Mesmo antes da pandemia, a construção de "narrativas" no ambiente de redes sociais, com a complexidade e profundidade típicas desses discursos, ocupou o lugar dos fatos e passou a ser fonte para a mídia e para as comunidades de *experts*. É como se o populismo tivesse abraçado a pseudociência, e não foi um abraço inocente, mas sumamente malicioso, cheio de segundas intenções, e, pior, num assunto muito concreto e sensível. Não era mais como o "debate teórico" sobre abduções de alienígenas, ou sobre o terraplanismo, mas em torno de políticas públicas sobre a covid-19, com muitas consequências sobre as vidas de milhões de pessoas.

Mas a insensatez está longe de ser um tema novo na história, na economia e na ciência política. Há muitos estudos clássicos sobre o assunto, que serão invocados na seção 2.3, reservada a explorar uma via um tanto heterodoxa para o assunto: as leis básicas da estupidez enunciadas pelo historiador italiano Carlo Cipolla. Em síntese, diante de avassaladora evidência, como não considerar que a cretinice, em seus múltiplos formatos, é um dos grandes desafios do nosso tempo?

2.1. Lembranças da Revolta da Vacina

Em 1904, Lauro Sodré, um tenente-coronel jacobino, florianista, maçom e senador pelo Rio de Janeiro, planejava um golpe de estado a ser deflagrado em 15 de novembro, quando as tropas estariam mobilizadas na capital para o desfile comemorativo da Proclamação da República.

Ele não estava sozinho ao achar que a "República do Café com Leite" havia prostituído os ideais originais do movimento republicano-positivista, mas seus planos foram sendo atropelados pela epidemia de varíola no Rio de Janeiro. Sobretudo pela publicação da regulamentação para a vacinação obrigatória, um exemplo de "insensibilidade tecnocrática" que, para alguns, criava uma "ditadura sanitária".[28] Por que a vacina provocou tanto tumulto?

Tomando carona nessa contrariedade, Sodré se tornou presidente de uma Liga Contra a Vacinação Obrigatória, fundada em 5 de novembro, que se pôs a empreender uma campanha violentíssima enfatizando "a invasão da privacidade dos lares", a truculência dos agentes de saúde higienizando tudo, entrando porta adentro das casas de família, brutalizando esposas e filhas, que precisavam disponibilizar braços, colos e mesmo coxas para a vacina.

Esse moralismo de ocasião foi imensamente eficaz para mobilizar a população. O Rio de Janeiro se viu tomado por tumultos de rua, semelhantes aos das jornadas de 2013, inclusive a ponto de determinar a suspensão do desfile militar do dia 15. Com isso, as tropas que tinham viajado para a festa na capital foram, afinal, postas a serviço da restauração da ordem, mirando nos golpistas, que perderam o controle das manifestações.

A cidade viveu o caos até a decretação do estado de sítio, em 16 de novembro.

O episódio da Revolta da Vacina, como ficou conhecido, teria sido, segundo historiadores, menos um assunto sanitário que um levante "contra a história",[29] o que também se aplica a outras rebeliões, como a Guerra de Canudos, liderada por Antonio Conselheiro, quase na mesma época. Canudos provocou interpretações tanto na literatura acadêmica sobre insurreições populares, quanto na literatura propriamente dita, como a reportagem de Euclides da Cunha ou o realismo fantástico do *remake* de Mario Vargas Llosa em seu *A guerra do fim do mundo*.

A nossa historiografia trata o episódio da Revolta da Vacina como um extraordinário enigma, para o qual não há leitura simples: a oposição à vacinação obrigatória teria a ver com "a resistência obscurantista das massas contra a ação esclarecida do governo"; portanto, uma cretinice contra a ciência, ali representada pelo jovem médico sanitarista Oswaldo Cruz, logo a seguir transformado em herói nacional. Ou seria, em vez disso, resultante de uma zanga popular baseada no "direito de cidadãos de não serem arbitrariamente tratados pelo governo"?[30]

A historiografia não dá respostas simples, os relatos da época estão repletos de nuances. É evidente o interesse historiográfico em uma "revolta popular", sobretudo em um período no qual parece haver uma ausência de povo, como observou José Murilo de Carvalho a partir dos relatos icônicos de Aristides Lobo (o povo assistiu "bestializado" à Proclamação da República, "sem entender o que se passava, pensando tratar-se de uma parada") e de Louis Couty ("o Brasil não tem povo", tal sua apatia).[31]

Não obstante, é impossível afastar a impressão do grotesco das reações contra as inovações da modernidade, vacinas inclusive, com o benefício de observar o assunto com mais de um século de distância. O relato de contemporâneos lúcidos parece vir de outro planeta. Ruy Barbosa, por exemplo, "elemento conservador, culto e bem-informado, político de grande envergadura, respeitado pelo público e por seus pares", parecia confuso sobre o assunto:

> Não tem nome, na categoria dos crimes do poder, a temeridade, a violência, a tirania a que ele se aventura, expondo-se, voluntariamente, obstinadamente, a me envenenar, com a introdução no meu sangue, de um vírus sobre cuja influência existem os mais bem fundados receios de que seja condutor da moléstia ou da morte.[32]

O fato é que o ceticismo com relação a vacinas nunca foi completamente erradicado, ao contrário do que se passou com algumas doenças para as quais havia uma vacina (varíola e poliomielite, por exemplo). Houve um apogeu em 1998, quando o Doutor Andrew Wakefield publicou na prestigiosa revista científica *The Lancet* uma pesquisa, que depois se provou ser fraudulenta, associando a incidência de autismo à vacinação contra sarampo, caxumba e rubéola, pela chamada "vacina tríplice viral".

Mais de dez anos iam se passar, todavia, antes que o referido doutor tivesse a sua licença médica cassada na Inglaterra, período em que criou muita atenção em torno de si, alavancou o ceticismo com relação a vacinas que já existiam nos EUA e arregimentou enormes quantidades de adeptos para o que ficou conhecido como o "movimento antivacina (antivax)".[33]

A experiência parece revelar, conforme evidenciado inclusive pelo documentário dirigido pelo próprio ex-Doutor Wakefield, que não é tão difícil criar uma *dúvida* em públicos não especializados. Ingredientes consagrados, como teorias conspiratórias acerca da indústria farmacêutica, acoplados aos relatos de familiares de pessoas acometidas de uma doença incurável cujas causas pouco conhecidas começam a se manifestar, em geral, na mesma idade em que as crianças tomam vacinas. A dúvida era o suficiente para criar embaraços relevantes em campanhas de vacinação em várias partes do mundo e tornar o ex-doutor Wakefield uma espécie de celebridade nas redes sociais e no universo das realidades paralelas.

Exilado nos EUA, Wakefield se aproximou de Donald Trump, que o adulou durante certo tempo, e mais adiante o ex-doutor dirigiu um documentário que criou enorme polêmica em torno de sua exibição, afinal cancelada, no Festival de Cinema de Tribeca, em Nova York.[34] Em evento de novembro de 2020, Wakefield exibiu como namorada & apoiadora a supermodelo australiana Elle MacPherson, conhecida pela alcunha "The Body", agora convertida à causa antivax. Na ocasião, MacPherson declarou ser uma "época divina" para se promover a causa antivacinação.[35]

A fórmula para impulsionar o movimento foi muito efetiva: criou-se uma *dúvida*, como descrito anteriormente, ou uma *narrativa de dúvida*, com muita polêmica e visibilidade. A partir daí, formou-se um "debate", uma situação diante da qual a mídia funcionaria como aliada, ao menos funcionava assim no momento anterior à Era da Pós-Verdade, segundo a máxima de que era preciso ouvir "os dois lados", com o intuito de proteger as "espécies ameaçadas" em matéria de ideias, o que acaba beneficiando os promotores de *dúvidas*, inclusive as suscitadas pela pseudociência.

O "debate" acabou gerando contingentes relevantes de "hesitantes" diante da vacinação e bolsões de vulneráveis a doenças raras e evitáveis, que acabaram retornando, como o sarampo. Um "debate", quando se trata de assunto de saúde pública, é questão muito séria para ser banalizada e tratada como mera diferença de opinião. Não é como o "debate" em assuntos de economia, boa parte do qual palavras ao vento.

É preciso ter clareza que o "debate" é um evento rotineiro e cotidiano no seio da comunidade científica, no interior da qual há muitos rigores para se estabelecer relações de causa e efeito, aceitar ou rejeitar hipóteses, teorias e visões de mundo. Fora desses rigores, entretanto, tudo pode acontecer, assuntos científicos complexos podem parar nos tabloides, como questões de fé ou de interesse no ambiente aleatório das "guerras de narrativas".

Pois bem, se já havia "debate" sobre vacinas antes da pandemia, o que se pode esperar a partir do final de 2020, quando diversas vacinas para a covid-19 começaram a ser ministradas em diferentes países, alguns dos quais ultrapassando a marca de mil mortes por dia causadas pelo coronavírus? A temperatura do assunto mudou completamente, a agenda política se deslocou a ponto de o próprio Trump mudar de posição, de simpatizante antivax a investidor no desenvolvimento de vacinas. A vacinação avança pelo mundo inteiro, vários tipos estão disponíveis e em aberta competição, cada qual com sua tecnologia, sua efetividade, marca e nacionalidade, como numa corrida pela salvação.[36]

2.2. O coronapopulismo

As escolhas de estratégias de combate à pandemia por parte dos governos populistas foram trágicas. Essas respostas, em diferentes países, exibiram notável semelhança, o que sugere muita afinidade e, possivelmente, algum mecanismo de imitação/emulação e/ou mesmo de liderança, como se esses governos estivessem bebendo na mesma fonte.

Tem sido comum descrever essas escolhas como indicativas de antagonismo à ciência, o que está longe de ser falso, mas deve ser tomado apenas como uma aproximação: a pseudociência é bem mais que simplesmente a negação da ciência, assim como a pós-verdade não é apenas uma coleção de mentiras, é pior.

O fato é que os líderes populistas venceram eleições, portanto são governantes legítimos que arregimentaram milhões e milhões de apoiadores a partir de "narrativas" das quais se tornaram prisioneiros. Nenhum deles esperava enfrentar um desafio como a pandemia, diante da qual é muito difícil entrincheirar-se no terreno da fantasia, pois os fatos são demasiadamente contundentes e as comprovações – o terror da pseudociência – estão em toda parte. A insistência em narrativas fantasiosas e versões conspiratórias termina por colocar esses governos firmemente no terreno do paradoxo e da insensatez, em guerra contra a sociedade. A palavra mais usada para isso é negacionismo.

É certo que as comprovações (de que, por exemplo, sauna e vodka não funcionam contra a covid-19) levam a responsabilizações em variados formatos, em eleições como em tribunais, e assim a crise política escapa do espaço da retórica e produz consequências objetivas desagradáveis, tanto maiores quanto maior a teimosia da liderança em abandonar a narrativa original.

A insistência no erro, em qualquer área da existência, mas especialmente na política, não é uma ocorrência simples, nem fácil de explicar: por que políticos inteligentes, legitimamente eleitos, e que querem se manter em seus empregos, adotam estratégias cretinas com relação à pandemia, guiados pelos seus instintos, ou pelos seus gurus de *marketing* digital, não sei o que é pior, em flagrante conflito com a opinião técnica e com resultados questionáveis? Como explicar tantas decisões erradas num assunto tão sensível e com consequências tão devastadoras? Como explicar a teimosia em não abandonar o erro?

Não são perguntas simples, e foram repetidas inúmeras vezes, em múltiplos formatos, no passado; por exemplo, a propósito da experiência brasileira de combate à inflação, quando não havia redes sociais como as de hoje, apenas a imprensa. Há ao menos duas escolas de pensamento inconciliáveis sobre a relação da imprensa com a opinião pública: a primeira, atribuída a Winston Churchill, a de que só existe e importa, ao fim das contas, a opinião *publicada*. A segunda, de Rui Barbosa, reza que "não é a imprensa que faz a opinião, mas a opinião que faz a imprensa".

As explicações para a insistência no erro, no assunto da estabilização, eram fatalistas, como em outra famosa fala de Churchill a respeito da entrada dos americanos na Segunda Guerra: eles vão fazer a coisa certa, mas não antes de esgotar todas as alternativas. Trata-se de experimentar todas as superstições e promessas de soluções mágicas antes de partir para a medicina convencional. O Brasil adora uma fórmula milagrosa, mesmo sabendo que, na maior parte dos casos, não há efetividade. Entretanto, como é comum de se ouvir acerca de superstições, não custa nada, vai que funciona...

Mas mesmo para essa terra onde é característico o desapego ao real, a hegemonia da intuição e a desconfiança para com o racional, foi impressionante e surpreendente o rápido alastramento da dinâmica da pós-verdade como ferramenta de retórica e mobilização política. O fenômeno convida à reflexão sobre a própria lógica política do fenômeno do populismo na sua recente encarnação verde e amarela.

Muito já foi escrito a propósito da surpreendente ascensão de Donald Trump, uma espécie de piloto dessa série, e foi no seio dessa reflexão, inclusive abrangendo diversas ramificações internacionais, que ressurgiu com novas e perturbadoras vestimentas o velho conceito de populismo. Era uma ideia antiga, geralmente associada a experiências remotas, como as de Getúlio Vargas e Juan Domingo Perón, ou à de William Jennings Bryan nos EUA de 1896, e que se imagina obsoleta em um mundo com tanta disponibilidade de informação.

Jair Bolsonaro, cuja vitória eleitoral não é menos surpreendente que a de Trump, é parte dessa onda, que certamente não se restringe aos EUA e ao Brasil,[37] e seus elos com Trump são inúmeros. Daí a sensação de *déjà vu* diante das supostas novidades trazidas pela presidência Bolsonaro, e pela inquietação diante da ideia de que possa haver com o ciclo de Trump algo como ocorreu no passado entre Brasil e Argentina, um novo "efeito Orloff".[38]

Embora pareça fácil associar a ascensão dos populistas ao desempenho econômico insatisfatório dos incumbentes, cada qual a seu modo,[39] não é verdade que o populismo do século XXI, mesmo na América Latina, possua uma agenda muito clara em matéria de política econômica: tende a ser mais para o livre-mercado nos governos de direita e mais estatizante nos de esquerda, mas não há nada de muito sanguíneo nos assuntos econômicos. Não há *Trump-nomics* como houve *Reagan-omics*, nem Jair Bolsonaro tem ideias econômicas de qualquer tipo. Os neopopulistas não pragmáticos. Há casos de populistas de esquerda praticando austeridade e políticas de livre-mercado, como de populistas de direita refratários à privatização, à abertura e à disciplina fiscal. O Brasil viu as duas variantes no intervalo de menos de uma década, armazenamento de vento e vacinas que transformam pessoas em jacarés.

Esse novo populismo do século XXI, mesmo nas suas manifestações latinas, incluindo a brasileira, se afastou da tradição populista latino-americana, associada historicamente à inconsistência macroeconômica, ou à obtenção de resultados populares no curto prazo, mas insustentáveis no tempo, como costumam ser os congelamentos de preços, os aumentos generalizados de salários e a própria inflação. É bastante claro, todavia, que a experiência histórica produziu certo aprendizado e o desenvolvimento de defesas contra a heterodoxia econômica, o charlatanismo fiscal e o curtoprazismo irresponsável.

Vale lembrar, como exemplo de traumas causados pelo populismo, que a expressão "estelionato eleitoral" teve origem em 1986, quando o congelamento determinado pelo Plano Cruzado foi estendido bem além da conta para que as eleições de outubro não fossem afetadas pelos efeitos previsivelmente ruins do descongelamento.

O sucesso eleitoral do partido do governo (o PMDB) foi retumbante em 1986, mas ao custo de aproximar o país perigosamente da hiperinflação, que viria logo em seguida. A trapaça eleitoral ficou muito clara. Na sequência, a perda de popularidade do presidente, em razão do descongelamento, foi avassaladora. Desde então, a ideia de "estelionato eleitoral" se tornou uma espécie de maldição na política brasileira,[40] uma senha para o embuste e uma acusação da qual todos os líderes querem se esquivar.

Entre as caraterísticas políticas marcantes do populismo, de hoje como o de ontem, e em toda parte, está a desconfiança/hostilidade com relação ao *establishment* político, sobretudo partidário, elites genericamente e a mídia, ou seja, uma espécie de negação de qualquer mediação entre a liderança e "o povo", relação que vem se desenvolvendo em novas bases em vista do advento das redes sociais. Os governantes populistas dessa nova estirpe se comunicam com o povo através do Twitter ou do WhatsApp e medem sua aprovação pelo engajamento, ou seja, pelas curtidas e compartilhamentos. Só se pode especular sobre o que fariam Getúlio Vargas e Juan Domingo Perón se dispusessem dessas ferramentas.

É esse o contexto em que se verifica o avanço de um fenômeno que já vinha se firmando, o ataque sistemático à *expertise* ou à ideia do uso de conhecimento especializado para lidar com temas complexos. Essa morte da *expertise*[41] é uma das consequências mais devastadoras do politicamente correto, originado pela esquerda, e pelos populismos de direita, ambos atacando o conhecimento especializado e a complexidade em muitos assuntos de políticas públicas, virando assim pelo avesso o incentivo à crítica, destruindo o *mainstream* e reabilitando todas as formas de saber alternativo, inclusive o fabricado para servir aos poderosos.

É fato que nos EUA se falava, antes mesmo de Donald Trump, de uma "tirania dos *experts*" em geral[42] e em alguns contextos específicos, como no aconselhamento deficiente para economias emergentes,[43] ou que teriam constituído uma espécie de corporação de ofício.[44] Mas é menos claro que exista tal coisa no Brasil, que ainda permanece excessivamente vulnerável, na formulação de suas políticas públicas, ao amadorismo, à improvisação e à sensibilidade.

É verdade que, também no Brasil, de um lado, são frouxos os critérios para se qualificar um *expert*, sobretudo para a imprensa, o que abre as portas para o charlatanismo e para a pseudociência; de outro, as diferenças de ponto de vista entre os *experts*, legítimos ou falsificados, podem confundir sobremodo a opinião pública, desqualificando a própria ideia do especialista ou de uma recomendação da ciência. Será sempre controverso o papel social dos intelectuais, se é antidemocrático, ou apenas imerecido, que tenham tanto destaque e influência, ou se devem ter independência ou *skin in the game*. Entretanto, a internet mudou tudo, pois foi um grande equalizador, trazendo informação, inclusive em excesso, verdadeira e falsa, para todos, de forma barata e acessível, a argamassa para qualquer tipo de narrativa, a bagagem para verdadeiras legiões de novos "intelectuais engajados".

Com efeito, a internet está repleta de embates entre doutores de verdade e praticantes de medicina, ou de economia, formados na "escola da vida", apenas dotados de banda larga. A internet, como se sabe, cada vez mais funciona como uma espécie de memória auxiliar do ser humano: o que você não sabe pode ser encontrado no Google ou na Wikipedia, em segundos, basta teclar.

Com esses auxílios qualquer um se torna um especialista ou, pior, *um apoquentador de especialistas*, profissionais em perguntar, jornalistas investigativos formados em interações no Facebook, misturados com promotores de justiça de mau humor: subitamente, a *expertise* não apenas não vale mais nada (inclusive para atuar como jornalista ou como promotor público amador), como atacá-la virou um grande esporte nacional, uma demonstração de "independência do pensamento",[45] uma nova espécie de opressão com nuances libertárias.

É nesse registro que vale mencionar uma máxima abundantemente empregada em nossos dias, e cuja origem antecede as efervescências populistas (embora nelas tenha encontrado ambiente bastante acolhedor), segundo a qual a ciência é apenas uma narrativa, uma de muitas, e que todas são legítimas. Todas estão presentes na internet, ao alcance dos dedos, e que não existe a verdade, um conceito autoritário, coletivista e inaceitável, apenas a verdade que tem mais clicadas. Essa é a pós-verdade. Essa talvez seja a melhor definição para a insensatez, como será discutido adiante.

A incrível narrativa da cloroquina

A construção de "narrativas" é uma das características mais proeminentes da comunicação dos líderes populistas, o que possui, em geral, uma relação apenas tênue com os fatos, ou com relações de causa e efeito. Novamente a pós-verdade.

Vamos a um exemplo interessante, com a ajuda de um relato de Carl Sagan, de seu famoso livro sobre pseudociência:[46]

> Em 1858, uma aparição da Virgem Maria foi relatada em Lourdes, França, e desde então centenas de milhões de pessoas desenganadas têm ido a Lourdes na esperança de serem curadas. A Igreja rejeitou a autenticidade de um grande número de pretensas curas milagrosas, mas aceitou apenas 65, em quase um século e meio. A taxa de regressão espontânea em todos os cânceres é estimada entre 1 em 10 mil e 1 em 100 mil. Se apenas 5% dos que vão a Lourdes ali estivessem para tratar de seus cânceres deveria haver entre 50 e 500 curas milagrosas só de câncer. Como apenas 3 dos 65 casos autenticados são de câncer, a taxa de regressão espontânea em Lourdes parece ser inferior à que existiria se as vítimas tivessem simplesmente ficado em casa.

É fácil ver aonde essa historinha pode nos levar, e não se trata de denunciar a subnotificação no departamento de milagres do Vaticano, mas de refletir sobre a imagem grotesca do presidente Jair Bolsonaro explicando as virtudes da cloroquina para uma ema do Palácio da Alvorada, como um possível prelúdio ao anúncio de uma cura miraculosa.

Em meio à pandemia, o presidente Jair Bolsonaro ergue uma embalagem de cloroquina (foto de 19 de julho de 2020).

Por que o presidente da República indica para a covid-19 um medicamento usado para tratar pacientes infectados com malária, que, em 1918, quando a gripe espanhola assolava o país, já era oferecido em algumas farmácias como "remédio específico e infalível" contra a espanhola, sabidamente "gato por lebre" já naquele tempo?[47]

Parecia uma aposta segura, sobretudo em um ambiente de pós-verdade.

No momento em que Jair Bolsonaro foi diagnosticado com covid-19, a probabilidade de o presidente atravessar a doença sem sintomas e complicações, como de fato ocorreu, era bem grande. É claro que havia aqui uma dinâmica semelhante à dos milagres de Lourdes, conforme notou recentemente um articulista tratando dos efeitos clínicos da "dança da chuva": "caso ele melhore de fato, saberemos apenas de uma correlação: ele tomou o remédio e melhorou. Ponto. Da mesma maneira como alguns povos dançam e chove. Mas não poderemos dizer com essa informação que ele melhorou porque tomou cloroquina. Ou que choveu porque os nativos dançaram".[48]

Essa é a famosa falácia *post hoc ergo propter hoc* (depois disso, portanto por conta disso, em tradução literal), temperada pelo pleno conhecimento do que se define como placebo.

É difícil emitir juízos sobre o sucesso da estratégia midiática de Bolsonaro, especialmente no contexto de guerra de narrativas e de índices de aprovação do governo. Há muitos fatores envolvidos. Trump e Boris Johnson também foram infectados, mas não tiveram a mesma sorte. Johnson, em particular, tirou proveito da sua experiência e "se curou" inclusive dos pecados anteriores, e reemergiu diferente. Não Trump. Em geral, os assuntos médicos não devem ser tratados como questão de narrativa. É tolo, além de irresponsável, tratar uma emergência médica como se a doença fosse mais uma "narrativa". Não se pode tratar a covid-19 chamando um especialista em *marketing* digital.

2.3. Uma teoria geral da insensatez

O livro clássico de Erasmo de Roterdã, escrito originalmente em latim, em 1509, com o título *Laus Stultitiae*, foi traduzido para o português como *Elogio da loucura* (para o inglês como *In Praise of Folly*). A loucura era um personagem do enredo e dialogava com questões de seu tempo, sobretudo religiosas.

Bem mais adiante, em 1984, a historiadora Barbara Tuchman publicou o seu clássico *A marcha da insensatez* (traduzido do original em inglês *The March of Folly*). A tradução foi tão feliz que o título do livro se tornou lugar-comum para designar erros e loucuras dos políticos. O tema central de Tuchman frequentemente aparece sob a designação de desgoverno (*misgovernment*), definido como a insistência em seguir estratégias e políticas contrárias aos interesses do próprio governo.

A pergunta era e continua sendo fascinante, como feita acima: como é possível que um governo seja levado a atuar em absoluta contradição com os seus próprios interesses? Que estranhos fatores concorrem para tamanho paradoxo?

Tuchman trabalha com muitos exemplos, entre os quais a decisão canônica dos troianos de trazer para dentro de suas muralhas, que tão bem os protegeram durante tanto tempo, um cavalo gigantesco, de aparência muito suspeita, e que muito bem poderia ser um truque dos gregos. O episódio adquiriu, com o tempo, proporções míticas – foi consagrado na tradição oral e na Ilíada –, e bem funciona como um poderoso arquétipo da insensatez.

Tuchman afirma que a situação em que um governo se encontra trabalhando contra seus próprios interesses pode ocorrer em razão de excesso nos quesitos de tirania, ambição e incompetência, mas interessante mesmo era a situação definida como insensatez (*folly*), o assunto do livro, e que se observava apenas quando atendia a três condições singulares:

(i) a insensatez é *percebida como tal* pelos contemporâneos (perceber retrospectivamente, ou *a posteriori*, é fácil, mas não conta);
(ii) *há alternativas*, mas assim mesmo o governo prossegue insistindo no que não está funcionando e aprofunda o seu fracasso;
(iii) a decisão é *coletiva*, e não o produto de um tirano lunático apertando os botões errados.

É fácil ver que a insensatez é o pão de todo dia das ciências sociais, a julgar pelo famoso teorema da impossibilidade, proposto por Kenneth Arrow, Prêmio Nobel de Economia em 1972, pela "lógica da ação coletiva" de Mancur Olson, e pela própria definição de ciência social de Émile Durkhein. Mas não é preciso entrar em tecnicalidades, a tese é simples. Os "coletivos" não se comportam racionalmente, ao menos do modo como a racionalidade é normalmente concebida para os indivíduos que compõem esses grupos. O grupo é maior que a soma das partes.

A efetividade das ações de governo sempre depende do resultado de complexas interações entre múltiplos agentes. O bom governo é bem mais difícil do que parece e, de tempos em tempos, ocorrem governos especialmente ruins, às vezes mesmo catastróficos, o que não se pode deixar de tomar como "irracional", do ponto de vista da comunidade e do sistema político. É exatamente essa "irracionalidade" o que Tuchman designa como insensatez (*folly*) e que para Erasmo (na tradução para o português) era a loucura.

O problema terminológico, e de tradução, se amplia em 1976, com a discreta publicação de um magnífico livreto, *As leis fundamentais da estupidez humana*, uma sátira do historiador italiano Carlo Cipolla, professor da Universidade da California Berkeley, falecido em 2000.[49]

A estupidez seria o novo nome da loucura ou da insensatez?

As leis de Cipolla foram lembradas a propósito de autoridades brasileiras inúmeras vezes nos últimos anos. Em 2016, por exemplo, Monica de Bolle escreveu sobre "o fato de que Dilma [Rousseff] e sua equipe seguiram à risca as leis de Cipolla", em um capítulo de seu livro *Como matar a borboleta azul*, intitulado "As leis fundamentais da estupidez humana, 2014 e 2015".[50] Era um governo populista de esquerda com um *Chicago boy* no Ministério da Fazenda em conflito permanente com o entorno da presidente; o resultado econômico foi trágico e a presidente sofreu *impeachment*, insensatez na economia e fracasso político por qualquer ângulo de observação.

Ao que tudo indica, Erasmo, Tuchman e Cipolla estão falando do mesmo assunto, uma patologia coletiva ou "social", mas não no sentido que José Sarney e muitos outros parlamentares dão ao termo. Loucura, insensatez ou estupidez, genuína cretinice, pode ocorrer com governos, ainda que os poderosos, tomados individualmente, sejam recrutados, em geral, entre as pessoas mais inteligentes e preparadas do país. Ainda assim, o governo pode atuar de forma totalmente insensata, inclusive contra os seus próprios interesses objetivos, esse o fenômeno social que encanta historiadores.

A cretinice é assunto meio radioativo e que prejudica o estatuto dos assuntos sérios e científicos. Ninguém gosta desse tema, mas como evitá-lo diante da onda populista?

É claro que seria um elogio indevido à estupidez (coletiva) se a tomássemos como uma produção exclusiva, ainda que involuntária, de pessoas inteligentes agindo de acordo com suas próprias agendas. Essa situação pode ser a mais paradoxal, mas não é possível dizer *a priori* se é mais ou menos comum que a cretinice (coletiva) gerada pela ação diligente e combinada de vários cretinos consumados agindo de forma sincera de acordo com o seu credo. Não há dúvida de que é mais simples e intuitivo que um governo cretino resulte de governantes cretinos.

É mais difícil, ainda que bem possível, que políticas cretinas resultem de impasses entre governantes inteligentes e bem-intencionados: é claro que é um paradoxo e uma curiosidade que a idiotice resulte de uma soma de inteligências.

Bem, mas como a estupidez é um assunto muito sensível, é sempre muito difícil separar o individual do coletivo; e como as pessoas facilmente se sentem ofendidas, é mais prudente tratar do assunto com o uso da sátira, como fez Cipolla, inclusive para que o autor guarde distância prudente do tema. Em seu tratado sobre a estupidez, por exemplo, Robert Musil revela certo desconforto em se ver identificado como conhecedor *desse* assunto – os "sábios aparentemente preferem escrever sobre a sabedoria", segundo ele.[51] Compreende-se, através desse raciocínio, que a estupidez não seja uma especialidade acadêmica: que dizer de um especialista em cretinice?

Bem, parece difícil afastar a cretinice – a coletiva por certo, a individual será sempre matéria de julgamento – como um dos elementos da crise em que nos encontramos, mas o que realmente sabemos sobre o fenômeno? O que diz a literatura acadêmica? Existe uma literatura acadêmica sobre esse tema? Há razões para crer que estamos diante de um surto? Terão as redes sociais – um componente fundamental desse nosso tempo – afetado a cretinice coletiva?

Em 1996 o assunto foi suscitado a partir de publicação do clássico *Manual do perfeito idiota latino-americano*, de autoria de Plinio A. Mendoza, Carlos A. Montaner e Alvaro V. Llosa. Na magnífica apresentação do livro, Mario Vargas Llosa observa:[52]

> A idiotice que impregna este manual não é aquela do tipo congênita, essa natureza do intelecto, condição do espírito ou estado de ânimo [...] não é somente latino-americana: corre como o azougue e cria raízes em qualquer parte. Postiça, deliberada e de livre escolha, é adotada conscientemente por preguiça intelectual, apatia ética e oportunismo civil. É ideológica e política, mas acima de tudo frívola, pois revela uma abdicação da faculdade de pensar por conta própria, de cotejar as palavras com os fatos que pretendem descrever, de questionar a retórica que faz as vezes de pensamento. Ela é a beatice da moda reinante, o deixar-se levar sempre pela corrente, a religião do estereótipo e do lugar-comum.

As leis de Cipolla

Uma reflexão ilustrada e cultivada sobre a cretinice deve começar pelas leis formuladas pelo historiador Carlo Cipolla. Suas duas primeiras leis são simplórias apenas na aparência, pois em seu enunciado expressam imensa sabedoria:

> *A parcela da população composta de gente estúpida é uma constante da Natureza (ð), cuja efetiva grandeza é desconhecida, mas é sempre subestimada. A probabilidade de uma pessoa ser estúpida é independente de qualquer característica identitária.*

Nessa acepção, portanto, a estupidez não é algo relacionado à inteligência, cognição, ou ausência dessas capacidades, mas algo que incide igualmente sobre todos: pessoas comuns, laureados com o Prêmio Nobel, inclusive cientistas, economistas e *experts* em geral, críticos de *experts*, ocupantes de cargos públicos importantes e supermodelos, pois independe de classe social, de gênero, de escolaridade e de renda.[53] Esse aspecto "horizontal" e democrático da cretinice é uma de suas características mais inquietantes e misteriosas.

Não resisto a oferecer um exemplo do raciocínio do gênero pós-verdade para justificar/demonstrar a primeira lei: se para todo e qualquer círculo a divisão do perímetro pelo raio chega ao mesmo número, que pode ter milhões de casas decimais, e que pode ser interpretado com a impossibilidade da quadratura do círculo, por que a parcela da população composta de gente estúpida não poderia ser também uma constante da Natureza ($\delta = \lambda.\pi$)?

As primeiras leis de Cipolla não podem ser perdidas de vista no debate sobre os efeitos danosos das redes sociais sobre a retórica política e mesmo sobre a manipulação dos indivíduos de forma mais geral, conforme retratado no popularíssimo documentário de 2020, *The Social Dilemma*, produzido pela Netflix e dirigido por Jeff Orlowski. Parece indiscutível que as redes sociais amplificam a cretinice, conforme o desabafo consagrado de Umberto Eco – segundo o qual a internet deu voz a "uma legião de imbecis", que agora "têm o mesmo direito à palavra de um Prêmio Nobel"[54] –, mas como explicar o aparentemente elevado nível *inicial*, bem maior do que se supunha, em sintonia com as Leis de Cipolla? Que fatores operaram para produzir números tão grandes de adeptos a credos exóticos pseudocientíficos, ou sectários, antes mesmo que existissem as redes sociais oferecendo múltiplas possibilidades de congraçamento e recrutamento de novos adeptos?

A terceira lei, que Cipolla define com a "lei de ouro da estupidez", envolve a definição da estupidez como um acontecimento no seio da interação social. Há uma preciosa sutileza nessa definição. Trata-se aqui muito claramente de um fenômeno sociológico, ou de uma "cretinice de resultados", "exterior ao indivíduo", ou de uma definição de estupidez que não se constrói a partir dos atributos de personalidade que definem a estupidez individual, mas do resultado da *interação* em determinado contexto histórico entre pessoas não necessariamente cretinas quando observadas isoladamente. É a cretinice "social" no sentido clássico de Durkhein. Nessa definição de Cipolla, o indivíduo estúpido é

> *aquele que gera perdas para si e para os outros, sem com isso derivar nenhuma vantagem ou ganho, possivelmente incorrendo também em perdas.*

Segundo a definição, não importa bem o que significa exatamente ser estúpido ou cretino, como fenômeno psicológico individual, mas apenas os resultados sociais da atuação de indivíduos que se consagrarão estúpidos pelos resultados de suas ações. Essa é a estupidez de Cipolla, um fato social: são as regras da política e os meios dos governos que nos fazem cretinos em determinados contextos. No isolamento, ou fora de posições de poder nas quais interagem de forma negativa com outras pessoas, os estúpidos podem perfeitamente ser pessoas divertidas e inteligentes, como amiúde se observa com respeito aos grandes vigaristas.

Essas definições permitem a representação da estupidez em um diagrama simples, à moda da moderna teoria dos jogos, na qual é possível mapear os tipos básicos de pessoas diante de uma interação social.

Diagrama descritivo das leis da estupidez

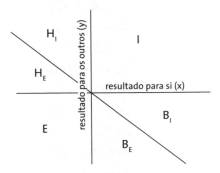

Fonte: *As leis fundamentais da estupidez humana*, de Carlo M. Cipolla, editora Planeta Brasil, 2020.

O diagrama mostra quatro tipos de indivíduos: estúpidos (E), inteligentes (I), ingênuos (H) e vigaristas (B), cada um em determinado quadrante do diagrama, assim caracterizados conforme o resultado de sua interação com outros indivíduos, inclusive os de sua categoria. Há dois eixos, x para os ganhos, ou perdas, de um indivíduo em decorrência de suas ações; e y para os ganhos, ou perdas, dos outros indivíduos da comunidade em decorrência dessas mesmas ações, tal como uma matriz de resultados num ambiente de teoria dos jogos.

Note-se que a inteligência ou estupidez dos indivíduos descrita no diagrama é efêmera, pois se refere a uma única interação social capturada nessa situação específica. A vida em sociedade é uma sucessão de diagramas desse tipo, nos quais os resultados vão confirmando a natureza dos indivíduos que a compõem.

Nesse contexto, as pessoas ditas inteligentes são as que, na sua interação social, estão situadas no primeiro quadrante, designado como "I", ou seja, são as que geram ganhos para si e para os outros, nas suas ações. São cidadãos úteis e produtivos, no sentido do padeiro e do açougueiro de Adam Smith, cuja posição no gráfico é definida por coordenadas positivas, no primeiro quadrante, designado como "I".

As pessoas estúpidas, conforme acima definido, são as do terceiro quadrante, designado como "E", e como resultado das ações do indivíduo em referência, o próprio indivíduo gera perdas para si, além de gerar prejuízo para os outros, ou seja, valores negativos para x e y.

Há duas categorias híbridas: a dos (i) ingênuos, altruístas ou filantropos (*helpless* no original), que geram prejuízos para si e ganhos para os outros, ou "ganhos sociais" como resultado de uma "vida sacrificada"; e os (ii) ladrões, corruptos e vigaristas (*bandits* no original), que geram prejuízos para os outros e ganhos para si. Esses dois tipos estão designados no diagrama nas regiões "H" e "B".

É comum apresentar esse diagrama com uma reta de 45 graus cortando o segundo e o quarto quadrantes, dividindo os grupos híbridos, cada um, em dois subtipos. No grupo "B" há os da região B_I, que são aqueles cujos ganhos são menores que os prejuízos que geram para os outros, isto é, como se gerassem mais valor para a sociedade do que apropriam para si com corrupção ou roubo. Diz-se que esses são os bandidos ou corruptos com tonalidades de inteligência, ou socialmente úteis. Os do grupo B_E são os corruptos com tonalidades de estupidez, ou corruptos daninhos ou gulosos, aqueles que apropriam para si mais do que geram ganhos para a sociedade.

Para o grupo de altruístas e filantropos a mesma separação pode ser feita. Há os do grupo H_I, que são aqueles cujas perdas que geram para si são menores que os ganhos que geram para os outros, isto é, como se gerassem mais valor para a sociedade do que gastam em suas ações; ou ainda, como se suas doações gerassem valor desproporcionalmente maior. Os do grupo H_E são os que geram ganhos para os outros menores que as perdas que impõem a si mesmos, como se fora uma filantropia malfeita, ou se tratasse de artistas empobrecidos cuja arte é de qualidade inferior.

O diagrama exibe o resultado de uma única interação social, mas nada diz sobre o processo que gerou esses resultados, nem como as interações se sucedem. Cipolla não explica como se dão exatamente essas interações, que podem ser descritas de inúmeras formas, com muitas possíveis extensões e possibilidades de modelagem.

O historiador não pretendia desenvolver modelos quantitativos e computáveis da estupidez humana – tarefa tentadora seguida por outros pesquisadores, como adiante se mostra –, de tal sorte que o fechamento de seu sistema se dá em formato vago e simplificado, aludindo à ideia de que a influência dos estúpidos e cretinos sobre a vida nacional tem a ver com a dinâmica política.

Cipolla então completa o seu sistema com duas novas leis, a 4ª e a 5ª, que têm a ver com o efeito da estupidez sobre o "bem-estar da sociedade":

> *A pessoa não estúpida sempre subestima o poder destrutivo dos indivíduos estúpidos, sempre erra ao interagir com eles, que são os piores tipos, mais perigosos que os vigaristas, pois são erráticos e irracionais.*

Não há clareza sobre como se determina o "bem-estar da sociedade", ora se trata da "soma algébrica do bem-estar dos indivíduos", ora parece haver algum conceito mais elaborado, ainda que não explícito. Não há nenhum formato específico de "modelagem", pois não há intenção de construir simulações. Deliberadamente, Cipolla permaneceu num terreno mais vago e elevado, apenas argumentando que o poder destrutivo dos estúpidos depende de: (i) fatores genéticos, pois "alguns indivíduos herdam doses excepcionais do gene da estupidez e em virtude dessa herança eles pertencem, desde o nascimento, à elite do grupo",[55] e aqui há sim uma violação à ideia de que a cretinice é puramente social; e de (ii) os cretinos alcançarem posições de poder, e nesse registro ele lembra que as eleições são o instrumento mais efetivo para assegurar a manutenção de uma fração limitada a δ de cretinos no governo. Cipolla destaca, outrossim, que "parcela δ do eleitorado é formada de cretinos e as eleições lhes fornecem oportunidades magníficas para prejudicarem a todos sem ganhar coisa alguma[...] o que fazem ao contribuir para que se mantenha a proporção δ de cretinos no poder".[56]

A propósito do progresso das nações, Cipolla observa que é um erro pensar que sociedades em declínio possuem menores quantidades de cretinos. Pela Primeira Lei, ele sustenta, todas as sociedades possuem a mesma proporção δ, o que as diferencia é: (i) os estúpidos serem "mais ativos", o que se presume que signifique cretinos em posições de poder e decisão; e (ii) a composição do restante da população não estúpida, em particular dos grupos híbridos, e especialmente B_I e H_I, ou seja, os corruptos com tonalidades de inteligência e os excessivamente altruístas.[57]

Experimento 1: a cretinice em um modelo evolucionário

Uma fórmula particularmente engenhosa de aplicar as Leis de Cipolla e verificar se os cretinos vão dominar o mundo – seria "o inferno", na linguagem de Cipolla,[58] uma hipótese frequentemente levantada por Nelson Rodrigues – é através de simulações, para as quais existe uma grande variedade de experimentos.

Uma dessas variantes é a que pressupõe uma dinâmica assemelhada à da biologia evolutiva, desenvolvida por Andrea Tettamanzi e Célia Costa Pereira,[59] no âmbito da qual imagine-se uma população composta de indivíduos dos tipos descritos no diagrama e que eles experimentam sucessivas "interações" das quais resultam ganhos ou perdas relativamente a uma dotação inicial de "riqueza", de "pontos" ou de "vidas", exatamente como num videogame.

Assume-se, adicionalmente, que o indivíduo "morre" quando sua "riqueza" se torna negativa, e que se "reproduz" quando a riqueza ultrapassa determinado valor (por exemplo, duas vezes a "riqueza" inicial, quando, então, um novo indivíduo é criado e a dotação de riqueza é dividida entre o descendente e o agente que lhe deu origem, em partes iguais). E assim a população evolui, uma vez definidas as regras que governam o resultado das interações e a configuração inicial.

O passo seguinte é simular a evolução dessa "sociedade", imaginando interações sucessivas em grande número. O que acontece com essa população? Vão predominar os cretinos ou os inteligentes? Que fatores governam essa evolução, ou involução? Tais fatores permitem a formulação de uma teoria geral da estupidez?

É fácil ver *a priori* que os estúpidos contam com uma *desvantagem* comparativa nesse jogo evolutivo, pois sempre "perdem" nas suas interações, além de gerarem perdas para os outros. A solução intuitiva e lógica para esse jogo seria a extinção do cretino, pois parece contraintuitivo que o estúpido sequer exista nessa dinâmica darwinista e neoliberal, exceto sob hipóteses especiais, que assegurem a sua sobrevivência, exatamente como o "trouxa" no mercado financeiro. É uma impossibilidade a menos que se imagine que o "trouxa": (i) seja um segredo muito bem guardado, isto é, se algum esperto o cultiva para si; ou que (ii) não seja "trouxa" de graça, mas por malandragem, alguém da categoria B_1 inteligentemente disfarçado de idiota.[60]

Com efeito, o desaparecimento do cretino não é o que se observa na vida real. Ainda que o seu predomínio seja evento raro, a sua presença é sempre relevante na vida política. Nas modelagens inspiradas na biologia evolutiva, a sobrevivência do estúpido é assegurada pelo funcionamento de alguns fatores mitigadores de ao menos três ordens:

(i) o nível de produtividade da sociedade assegura a todos um acréscimo de "riqueza", ou de "vidas", para todos os seus membros, que se soma aos resultados das interações entre eles a cada rodada, assim estendendo a duração do jogo. É como se a fartura acabasse por incentivar a estupidez;

(ii) a sociedade adota uma presunção de boa-fé que deixa seus membros protegidos dos corruptos e desonestos, mas vulneráveis aos estúpidos, que são destrutivos, ainda que destituídos de más intenções;

(iii) deve haver razoabilidade nas interações, e a imposição de regras como a hipótese de "soma zero", e a de que as perdas/ganhos precisam ser proporcionais ou normalizadas pelas dotações originais de riqueza, para que as interações produzam alterações incrementais para cada agente, e não desastres pessoais.

O resultado das simulações é muito sensível às hipóteses mitigadoras, com especial destaque para a exata configuração de (ii), ou seja, para os *payoffs* das interações, mas também muito sensível às condições iniciais, ou seja, a composição da população no início do exercício, com especial destaque para o contingente inicial de cretinos.

Tettamanzi e Pereira obtêm resultados que confirmam as leis de Cipolla para diferentes configurações de fatores mitigadores e de condições iniciais, e vislumbram diversas aplicações de seu modelo em instâncias conhecidas de insensatez como "engarrafamentos de trânsito, movimentos de multidões e bolhas e crises de mercado [nas quais] a estupidez (no sentido de Cipolla) pode ser observada e pode ter um papel determinante".[61]

É fácil ver que, com pequenas variações, o algoritmo evolucionário permite o entendimento pelo qual a estupidez funciona como uma espécie de doença contagiosa, cujo alastramento possui características de epidemia. Basta pensar em um *modus operandi* ligeiramente diferente para as interações entre os agentes, como se os estúpidos fossem os infectados e que transmitissem a doença em contatos aleatórios para os outros grupos. Como a estupidez é muito contagiosa, além de crônica, é fácil chegar a um extremo oposto do que se observou anteriormente para o algoritmo evolucionário darwinista de Tettamanzi e Pereira, ou seja, a cretinice tomaria todo o organismo social, a menos que outros fatores mitigadores assegurassem a sobrevivência dos outros tipos sociais.

Os sintomas da estupidez podem ser leves e sutis, de tal modo que a infecção só é identificada a partir de testes muito sofisticados. A cretinice assintomática é capaz de passar despercebida por longos períodos. As variedades menos amenas da doença, entretanto, podem ser extremamente danosas ao corpo social, mas ao menos são percebidas com mais clareza e possíveis de serem tratadas. Como qualquer epidemia, o contágio se interrompe com a chamada imunidade de rebanho, ou seja, quando a proporção de infectados é muito grande, de tal sorte que o avanço marginal da infecção, o famoso "R_o", forçosamente diminui. Deve ser claro, todavia, que não é bom que uma epidemia de cretinice seja interrompida desse jeito, pois seria chegar ao "inferno" na definição de Cipolla, a dominância dos estúpidos. A imunidade de rebanho não é uma solução para a epidemia de cretinice.

Tudo isso confere renovada e indiscutível atualidade[62] para algumas considerações amargas e politicamente incorretas, e por isso mesmo clássicas, de Nelson Rodrigues:

> A olho nu, qualquer um percebe a ascensão social, econômica, cultural, política do idiota. ... Desde Noé e antes de Noé, jamais um idiota ousaria ser estadista. É verdade que, na velha Roma, um cavalo foi senador. Mas o cavalo é um nobre animal, de maravilhoso frêmito nas ventas. E nunca se viu um idiota relinchar. Pois

bem. Hoje, tudo é possível, tudo. Há idiotas liderando povos, fazendo História e fazendo lendas. ...E assim, lidos, viajados, falando vários idiomas, maridos das melhores mulheres – os nossos idiotas têm também os melhores cargos e exercem as funções mais transcendentes. Eu disse que estão por toda parte: na política como nas letras, nas finanças como no cinema, no teatro como na pintura. Outrora, os melhores pensavam pelos idiotas; hoje, os idiotas pensam pelos melhores. Criou-se uma situação realmente trágica: ou o sujeito se submete ao idiota ou o idiota o extermina.[63]

É muito provável que Erasmo, Tuchman, Cipolla e Nelson Rodrigues estejam falando do mesmo assunto, do mesmo personagem de que se ocupou esta seção. Não parece possível afastar a idiotice, tal como acima descrita, como explicação para os problemas pelos quais o Brasil tem passado.

Há também um ângulo shakespeariano: as pessoas importam, sobretudo os líderes, nos motores e leis da história, há bons e maus monarcas, alguns se tornam tiranos, como Macbeth e o Duque de Gloucester, eis aí uma cretinice no sentido de Cipolla. É claro que os vilões shakespearianos não podem ser tomados como cretinos no sentido mais comum do termo, a despeito de serem criminosos. Invariavelmente são carismáticos, psicologicamente complexos, fascinantes e mesmo engraçados, eis aí uma explicação, o aspecto pessoal, para a gênese de uma tirania, a suprema cretinice política, o vilão é capaz de enganar a todos nós. É claro que não é tão simples, o que nos faz vulneráveis a personagens assim?

Em seu magnífico estudo sobre os tiranos em Shakespeare, Stephen Greenblatt ensina: "Uma sociedade aprisionada por amargas divisões político-partidárias, a seu ver, é particularmente vulnerável ao populismo fraudulento. E sempre vai haver instigadores, que fizeram aflorar a ambição tirânica, e viabilizadores (*enablers*), pessoas que percebem os perigos trazidos por essa ambição, mas que pensam que poderão controlar o tirano bem-sucedido e tirar vantagens de seu ataque às instituições estabelecidas."[64]

Experimento 2: a cretinice partidária e o teste da brotoeja

Será possível que a política possa toldar a inteligência? Ou que a polarização política possa multiplicar a cretinice? Ou ainda, será que a disponibilidade de evidência científica sobre temas de uso corrente pode ajudar a desarmar conflitos políticos?

Procura-se responder a essas perguntas, para o caso brasileiro, propondo um experimento empírico que reproduz, de maneira simplificada, uma experiência originalmente conduzida por um time chefiado pelo professor Dan Kahan, da Universidade de Yale.[65]

Kahan é professor de direito e de psicologia, catedrático da faculdade de direito de Yale e um dos pesquisadores de um grupo que se organiza como The Cultural Cognition Project (O Projeto de Cognição Cultural), na mesma instituição.

O experimento de Kahan e seus colegas, aqui exposto de uma forma ultrassimplificada, consistiu em fazer duas perguntas a uma amostra grande de pessoas. A primeira, a pergunta de controle, é sobre a eficácia de um creme para tratar brotoejas, apresentando números sobre os efeitos do tratamento, inclusive com placebo. A segunda pergunta apresenta números semelhantes, que tenderiam a levar o grupo para as mesmas respostas, porém, num tom altamente politizado. Haveria diferença relevante nas respostas? Terá a politização efeitos sobre a compreensão dos números?

Vamos imaginar o experimento no Brasil, para uma amostra com dois grupos muito distintos: 500 estudantes de engenharia da PUC-Rio, que já passaram pelo ciclo básico, portanto, que já completaram a sequência mortal de disciplinas da área de cálculo diferencial e integral; e 500 estudantes de diferentes cursos de departamentos do Centro de Teologia e Ciências Humanas (CTCH) da PUC-Rio. Na falta de estudantes para completar a amostra do segundo grupo, os pesquisadores usaram estudantes do curso de direito, que pertence ao Centro de Ciências Sociais.

Vamos imaginar que, para essa amostra de 1.000 estudantes, seja exibido o seguinte quadro, acompanhando a pergunta sobre a eficácia do creme contra brotoejas:

	EFEITO SOBRE AS BROTOEJAS	
	melhorou	não melhorou
usaram o creme	223	75
não usaram	107	21

Junto com a tabela numérica, algumas explicações quanto ao teste:

> Pesquisadores da área médica desenvolveram um novo tratamento para brotoejas. Novos tratamentos frequentemente são efetivos, mas às vezes pioram as condições que pretendem tratar. Mesmo sem tratamento, as brotoejas podem piorar, ou melhorar, por sua própria conta. Por isso é necessá-

> rio comparar os números de quem usou o tratamento com os de quem não usou (ou foi tratado com placebo). A tabela mostra o que se passou com o grupo que usou e com o grupo que não usou o tratamento.
>
> Notar que, como é comum nesses estudos, um número relevante de pacientes que se comprometeu com o estudo acabou sem reportar seus resultados, daí os números quebrados das amostras.

Antes de passar para a próxima etapa do teste, vale observar que existe uma resposta *correta* para a pergunta sobre a eficácia do creme, e que, deliberadamente, está um tanto *disfarçada* nos números. O principal *disfarce* está no fato de o número absoluto de pacientes que melhoraram com o creme ser mais que o dobro do número que melhorou sem usar o creme (223 × 107). Mas deve ser claro que a resposta para a eficácia do creme está nas proporções. Foram 223 respostas positivas para o creme numa amostra de 298 usuários, ou seja, 74,83%. Para os que usaram o placebo, a proporção foi 83,59% (107/128). A resposta parece ser contrária ao que parecia. Observados os números de pacientes que *pioraram* com o tratamento, o resultado fica ainda mais claro: 25,17% dos que usaram o creme viram suas brotoejas piorarem, contra 16,41% para quem não usou.

Kahan e seus colegas pesquisadores observaram, no experimento americano, que as respostas para essa primeira pergunta reproduziam fielmente o que parecia ser a familiaridade com números das pessoas de que era composta a amostra. Quem está mais acostumado a fazer conta logo repara que é preciso observar as proporções e procura uma máquina de calcular para fazer a conta. Quem não gosta de fazer conta, por vocação profissional ou preferência pessoal, vota de acordo com a primeira impressão, ou joga dados, ou seja, responde de forma aleatória.

A segunda pergunta é o que define o experimento. Pois trata-se de apresentar números parecidos, para os mesmos indivíduos, e verificar se as respostas se mantêm no caso de uma pergunta de alta octanagem política, mas com números que deveriam levar à mesma conclusão.

No experimento brasileiro, tal como imaginado, a segunda pergunta diria respeito à eficácia da cloroquina, conforme descrito abaixo:

> Pesquisadores da área médica desenvolveram um novo protocolo para tratamento para a covid-19. Novos tratamentos frequentemente são efetivos, mas às vezes pioram as condições que pretendem tratar. Mesmo sem tratamento,

> a covid-19 pode piorar, ou melhorar, por sua própria conta. Por isso é necessário comparar os números de quem usou o tratamento em questão com os de quem não usou (ou foi tratado com placebo). A tabela mostra o que se passou com o grupo que usou e com o grupo que não usou o tratamento.
>
> Notar que, como é comum nesses estudos, um número relevante de pacientes que se comprometeu com o estudo acabou sem reportar seus resultados, daí os números quebrados das amostras.

| | EFEITO SOBRE A COVID ||
	melhorou	não melhorou
usaram cloroquina	342	115
não usaram	178	35

É importante observar que, tal como no caso da primeira pergunta, existe uma resposta correta para a pergunta sobre a eficácia do medicamento, e que, deliberadamente, está um tanto *disfarçada* nos números, da mesma forma como se passou com a primeira pergunta: o número absoluto de pessoas que melhorou com o tratamento é próximo a duas vezes o de quem melhorou sem o tratamento (341 × 178). As amostras são maiores: 457 usaram o medicamento na segunda pergunta, contra 298 na primeira; e 213 tomaram placebo na experiência com cloroquina, contra 128 que o fizeram na experiência da brotoeja.

Mas os números das amostras, e de respostas, se moveram proporcionalmente, e nada mudou no tocante aos percentuais, que são as variáveis definidoras para a eficácia do medicamento. Senão vejamos. Foram 342 respostas boas para o tratamento com cloroquina numa amostra de 457 usuários, ou seja, 74,84%. Para os que usaram o placebo, a proporção foi 83,57% (178/213). Novamente, observados os números de pacientes que pioraram com o tratamento, o resultado fica ainda mais claro: 25,16% dos que usaram cloroquina viram sua condição piorar, contra 16,43% para quem não usou.[66]

Pois bem, a próxima tabela mostra as taxas de acerto e permite que se verifique se o resultado da mesma conta varia quando o assunto é muito politicamente sensível.

Antes da análise dos resultados, é preciso esclarecer algumas características da amostra de estudantes da PUC com que se trabalhou nesse exercício imaginário. Pesquisas de verdade, com esse teor, teriam que obedecer a muitos cuidados e protocolos, mas não se quer complicar demais a análise. Vamos reparar que, tratando-se de 1.000 estudantes da PUC-Rio, conforme descrito, é de se esperar que:

1. Entre os estudantes de engenharia, 70% sabem fazer as contas e vão sempre acertar os cálculos.
2. Entre os estudantes do CTCH (Centro de Teologia e Ciências Humanas) e estudantes de direito, apenas 30% são bons de conta e vão acertar.
3. Cerca de 25% da amostra é "bolsonarista raiz", uniformemente distribuídos nos vários departamentos da universidade.
4. Quem não sabe fazer conta sempre "chuta" a resposta, ou seja, joga dados, e, portanto, em escolhas binárias, acerta em 50% das vezes.

Os resultados tabulados da taxa de acerto das respostas para as duas perguntas são resumidos na tabela que segue:

TAXA DE ACERTO DAS RESPOSTAS		
	experimento brotoeja	experimento cloroquina
estudantes de engenharia	85,0%	67,5%
estudantes de humanas	65,0%	57,5%

É fácil ver que os percentuais obtidos se seguem das caraterísticas da amostra. Se 70% dos engenheiros é gente boa de conta, os acertos já começam por aí. Somam-se a esses os acertos derivados dos 30% que "chutaram" a resposta, dos quais metade acertou. Portanto, são 70% + 15% = 85%.

Para o pessoal de humanas/advogados, a mecânica é idêntica: o patamar de acertos de quem sabe fazer conta é 30%, adicionada a metade dos que chutaram a resposta e acertaram (50% de 70%), totalizando impressionantes 65% de acerto para um grupo de pouca habilidade com os números. Não vamos especular sobre o que isso quer dizer, ou sobre a efetividade do Enem.

Para a pergunta sobre a eficácia da cloroquina a situação muda se assumimos que a fé política ultrapassa qualquer outra consideração. Ou que a necessidade de reafirmar o seu pertencimento oblitera a habilidade com números. Basta pensar que em perguntas políticas o indivíduo se vê transportado para um estádio de futebol conflagrado, inteiramente ocupado por torcidas rivais. É claro que, nesse contexto, o indivíduo vai opinar e agir, além de votar e torcer, olhando para o que se passa à sua volta com vistas a afastar quaisquer dúvidas sobre sua adequação àquele lugar. Assim sendo, voltando ao experimento da cloroquina, quem sabe fazer a conta e tem fé política age de acordo com ela, ou seja, 25% da amostra, tendo ou não habilidade/familiaridade com números, nos dois grupos, respondem à pergunta sobre cloroquina com o fígado, sem olhar, ou simplesmente ignorando a evidência. Em decorrência disso, um quarto dos estudantes de engenharia bons de conta vai simplesmente mentir.

O que se pode concluir do quadro que resume as taxas de acerto das respostas face à pergunta sobre se a política/politização diminui a inteligência? O experimento demonstra que as taxas de acerto *caem relevantemente* no segundo experimento, confirmando a conjectura de que a politização resulta em toldar a capacidade de apreciar objetivamente a evidência científica.

Bem, é claro que não estamos aqui apresentando o resultado de uma pesquisa empírica efetivamente conduzida na PUC-Rio, mas apenas a descrição de um experimento a ser empreendido, e mesmo assim uma versão ultrassimplificada. Trata-se, na verdade, do que se espera da pesquisa, antes de irmos para o campo, os "resultados" que se seguiriam das hipóteses sobre a amostra. A vida real é imensamente mais complexa, somente poderemos saber a extensão dessas complexidades quando algum pesquisador procurar replicar para o Brasil a pesquisa feita por Dan Kahan e outros membros do projeto sobre cognição cultural da faculdade de direito de Yale, que está disponível na internet.[67]

Capítulo 3
O Estado

Um dos grandes temas da pandemia, nos debates entre economistas e entre políticos, na Academia como nas redes sociais, tem sido a ideia de um Estado grande, ativo, redentor, estabilizador, investidor, protetor e empreendedor, um conceito sob ataque há tempos, mas, particularmente, desde a ventania liberal que o Brasil experimentou a partir da campanha eleitoral de 2018. A pandemia tornou mais agudo o debate sobre o Estado, a despeito de as certezas terem diminuído.

Eis aí a maior das batalhas da guerra cultural, a principal entre tantas razões para brigas nas redes sociais, no trânsito e no seio de muitas famílias divididas por amarguras decorrentes de diferenças ideológicas.

As famílias brasileiras vêm sendo dilaceradas pela política desde a Proclamação da República, conforme tradição inaugurada por *Esaú e Jacó*, romance de Machado de Assis de 1904, ano da Revolta da Vacina, sobre dois irmãos – Pedro, o médico monarquista, e Paulo, o advogado republicano – que amavam a mesma mulher. Desde então a política vem sistematicamente arruinando a harmonia familiar em almoços e jantares, todos gritam e ninguém come direito, sobretudo se o assunto é a intervenção do Estado no domínio da economia.

A versão mais técnica desse debate, ou a versão para os economistas, tal como ocorre em todas as crises desde 1929, tem a ver com a reabilitação e *aggiornamento* de John Maynard Keynes. Sempre ele. Para os políticos os assuntos são mais pedestres, relacionados ao tamanho do gasto público e à irrigação de suas bases. Há muitas ramificações nesse debate, como será possível ver neste capítulo, muitas nuances e personagens, o próprio Keynes talvez tenha ficado para trás.[68]

Há muito em jogo, as encrencas são antigas, mas o ambiente da pandemia é muito novo, e depois de vários meses de sofrimento e de confinamento, já se estabeleceram ao menos duas certezas não exatamente reconfortantes:

(i) a pandemia não vinha resolver a guerra cultural; e
(ii) há viés de confirmação em toda parte, todos achavam que a pandemia confirmava o que já pensavam sobre a economia, de tal sorte que todos os exércitos participando da guerra cultural vêm monotonamente se declarando vitoriosos.

Este capítulo se organiza em quatro seções correspondentes a quatro vertentes do debate sobre o Estado, que estão bem longe de esgotar o assunto. Não seria difícil trabalhar com oito vertentes, ou dezesseis, o assunto é infinito, inclusive nos seus enunciados. Mas é importante concordar em discordar, estabelecendo a diferença. Viva a diferença. Com esse intuito, vamos ficar com quatro temas grandes e difíceis: os limites do liberalismo na presidência Jair Bolsonaro; a situação fiscal, sobretudo em vista da explosiva combinação entre o chamado "teto de gastos" (EC95/2016) com as urgências da pandemia; a velha questão do tratamento das prioridades sociais quando há restrição orçamentária; e uma nova forma de compreender a privatização, em vista do colapso degenerativo do investimento público.

3.1. O carrapato, a vaca e o casamento arranjado

É curiosa a popularidade do estatismo num país que desconfia de tudo que é oficial e governamental. Em se tratando de "fé na democracia e nas instituições políticas", o *Latinobarómetro* colocou a população brasileira entre "as mais cínicas do continente."[69] A desconfiança na política e nos políticos parece ter chegado a um apogeu. E mais: no Brasil, as pessoas não confiam umas nas outras, e menos ainda nas instituições. A família e os amigos se salvam e olhe lá. No governo e nos partidos, então, nem se fala.

Não se deve perder de vista que as raízes desse fenômeno de "desconfiança social" se estendem para bem longe no passado, alcançando a época da "nação mercantilista", conforme a expressão consagrada de Jorge Caldeira.[70]

A história parece demonstrar que o Estado coletor de impostos, o maior de todos os rentistas, surge antes mesmo da Nação e vai sofrendo metamorfoses que apenas vão reforçando o conceito de que o Estado é um fim em si mesmo, ou uma cabeça cada vez maior que o corpo, não mais o rei como "cabeça mística", mas o Estado como ideia, uma criatura permanentemente preocupada em encontrar novas formas de atuar e crescer, como um parasita buscando ser maior que seu hospedeiro.[71]

A melhor expressão contemporânea desse mal-estar ancestral, que emergiu na campanha eleitoral de 2018, veio do então candidato novato e bem-sucedido ao governo de Minas Gerais, pelo Partido Novo, Romeu Zema, que deixou escapar um clássico em um debate sobre o tamanho do Estado no Brasil: "o carrapato ficou maior que a vaca".

Mas não deve haver dúvida de que a visibilidade dos casos recentes de corrupção, a partir do "mensalão", mas se estendendo até o jornal de ontem, combinada com o pálido desempenho econômico do país, pode ter sido decisiva para reduzir dramaticamente a fé na intervenção do Estado na economia, que sempre se supunha redentora, e abrir uma janela para o liberalismo no Brasil. Foi o que se percebeu muito claramente na campanha eleitoral de 2018, quando parece ter havido uma espécie de primavera liberal no país: "com as exceções de praxe, todos os presidenciáveis, em 2018, se associaram a um economista descrito como liberal (quando não era o próprio a disputar), como quem se enfeita com uma bolsa de grife e terceiriza responsabilidades"; e nesse contexto, "o liberalismo de Paulo Guedes foi um adorno importantíssimo para a campanha de Bolsonaro e o símbolo do vitorioso casamento de conveniência entre o antipetismo e o liberalismo".[72]

Na percepção de Sergio Fausto,[73] o ministro da economia conseguiu, no início, ao menos, "uma esfera de autonomia maior", tal como se fosse uma "reserva de racionalidade dentro do governo", ou ainda como se o governo fosse uma coalizão de administrações, sem ser um governo de coalizão. Seria uma inovação e de fato o "casamento arranjado" parecia prosperar no início do mandato do presidente Bolsonaro, a julgar pela posição de Paulo Guedes como o titular de um ministério que combinava cinco outros:[74] nenhum ministro da economia jamais teve tanto poder, nem mesmo Zélia Cardoso de Mello na presidência Fernando Collor. E mais ainda se considerarmos os planos ambiciosos de Guedes e de sua equipe no campo das reformas pró-mercado.

Entretanto, o relacionamento entre o presidente e o ministro da economia (e sua agenda liberal) se revelou bem mais complexo e desgastante do que se imaginava. A rotina se mostrou carregada e sempre repleta de desencontros. Como não havia afinidades genuínas de pensamento econômico, era preciso fabricar outras. Guedes repetiu-se muitas vezes ao exaltar uma "aliança liberal conservadora", na qual parecia incluir-se nos dois polos, transformando assim o casamento de conveniência em uma espécie de pacto fáustico, para o sucesso do qual o ministro via-se obrigado a um liberalismo vegano e acinzentado.

Com efeito, Guedes, a certa altura, se torna um membro pleno do projeto político da família Bolsonaro. O infiltrado parece deixar de ser uma criatura "externa" ao Palácio (se é que algum dia foi), como já era possível ver na incrivelmente reveladora reunião ministerial de 22 de abril de 2020, cuja gravação foi exibida pouco mais de um mês depois. Não era o retrato de um governo feliz; na verdade, o propósito da reunião era a discussão de planos econômicos alternativos aos de Guedes. A conclusão, entretanto, foi óbvia: pior sem ele. Era o que dizia Hjalmar Schacht, o herói da estabilização alemã de 1923, para justificar sua participação tão destacada no governo nazista.[75] Com efeito, foi na Alemanha, a pátria de Goethe, onde nasceu o pacto fáustico. Posteriormente, o conceito encontraria no Brasil um terreno fértil para se expandir, talvez em razão da alta incidência de coalizões políticas e casamentos de conveniência.

A lenda do Fausto começa na Alemanha, a partir de um personagem real: Jörg ou Johann Faust nasceu por volta de 1480, em Knittlingen. Sua carreira como astrólogo, alquimista, quiromante e charlatão e sua morte misteriosa, em 1539, criaram uma lenda. A primeira versão manuscrita da história circulou em torno de 1570, um *best-seller* em cujo título era mencionado "o acordo aprazado com o diabo". Uma versão célebre para o teatro foi escrita por Christopher Marlowe e encenada pela primeira vez em 1592, na Inglaterra elizabetana. A lenda já tinha sido reduzida a um assunto para o teatro de marionetes quando chegou ao iluminismo, um século e meio depois, pelas mãos de Johann Wolfgang von Goethe. O *Fausto* de Goethe foi escrito em etapas ao longo dos sessenta anos seguintes, sendo que a última parte foi de publicação póstuma, em 1833, e tratava de diversos temas de economia.[76] É imensa a lista de grandes nomes da literatura universal que trabalharam com o tema em diferentes contextos, incluindo Lawrence Durrel, Paul Valéry, Fernando Pessoa, Ivan Turgueniev, Lord Byron, entre centenas de outros.

Mephisto, publicado em 1936, de Klaus Mann, filho de Thomas Mann, é uma dessas versões e está entre as mais polêmicas. Adaptado para o cinema, foi premiado com o Oscar de melhor filme estrangeiro em 1981. Caberia ao próprio Thomas Mann, em 1945, a tarefa de reescrever a lenda uma vez mais, a partir da história de um músico. O tema central, segundo Mann: "[...] a fuga dos percalços de uma guerra cultural por meio de um pacto com o diabo, o desejo irresistível de um intelecto orgulhoso, ameaçado pela esterilidade e pelo desbloqueio, a qualquer custo, de inibições; e também o paralelo entre a euforia perniciosa que termina em colapso e o frenético delírio nacionalista do fascismo."[77]

Thomas Mann emigrou da Alemanha em 1933, no ano em que Hjalmar Schacht assumiu, a convite de Hitler, a presidência do Reichsbank pela segunda vez.

Schacht se tornou uma espécie de troféu para os nazistas, um solitário elo com a civilização, um adorno importantíssimo para um regime já percebido como tosco ou pior. Uma situação complexa para ele: "A única maneira dele sobreviver à ditadura de Hitler era dar provas constantes de que ele era um dos poucos mestres nas artes da economia e uma roldana essencial na engrenagem dos planos ambiciosos de Hitler."[78]

Pacto fáustico: Hjalmar Schacht, o lendário presidente do Banco Central da Alemanha, herói da estabilização de 1923, no lançamento da pedra fundamental para a construção do novo edifício da instituição, em 1933. A convite de Hitler, Schacht foi presidente do Reichsbank entre 1933 e 1939 e acumulou o Ministério da Economia de 1934 a 1937.

Anos adiante, Schacht brigou com os nazistas, acabou preso, mas, ainda assim, os aliados o levaram a julgamento em Nuremberg. Sua magnífica autobiografia, escrita logo em seguida, foi traduzida para o português em 1999. Do prefácio para essa edição, escrito por este que lhes fala, se lê:

> Há muitos casos de bons economistas metidos com governos não tão bons, sempre imaginando envolver-se apenas para evitar um mal maior. Foram muitos os exemplos entre nós, mas registre-se apenas um, o do já falecido professor Mário Henrique Simonsen, que sempre repetia que era importante estar ali (no ministério do governo militar) para incutir um pouco de racionalidade a um regime que seria muito pior sem ele.[79]

Nessa mesma linha, o próprio Schacht respondia com uma pergunta talvez ingênua de tão pretensiosa, à luz do que hoje sabemos, quando confrontado diretamente sobre as motivações de sua longa associação com Hitler: "Você pode controlá-lo melhor retirando-se, vivendo como um cidadão privado e deixando-lhe todo o poder? Ou não será bem mais inteligente envolver-se e tentar controlá-lo? Quer dizer, ver até onde consegue influenciá-lo."[80]

É provável que o pacto fáustico acima descrito, entre Guedes e Bolsonaro, tenha longa duração: o presidente não pode demitir os ministros "da casa", que com ele desenvolveram uma espécie de parentesco. Pactos fáusticos, às vezes, são para a eternidade.

Com o liberalismo, entretanto, o relacionamento foi encolhendo, a agenda liberal foi sumindo das prioridades, restando apenas alguns agrados isolados ao ministro Guedes e um esforço muito ralo de guardar as aparências. A falta de privatização, dentre tantas omissões, nem seria notada, não fosse a empolgação com o assunto por parte do ex-secretário especial encarregado de fazer a coisa andar, o empresário Salim Mattar. Era compreensível que o presidente tirasse do programa as vacas sagradas (Petrobras, Banco do Brasil, BNDES e Caixa Econômica Federal), em vista de seu histórico e das pesquisas de opinião. Mas ainda restava muito material para trabalhar, dizia o secretário. Entretanto, segundo se conta, Mattar fez as malas depois de perceber que o presidente levou muito a sério a observação cretina de um influente ministro militar, segundo o qual a Casa da Moeda era uma empresa estratégica. O ministro astronauta já tinha dito o mesmo sobre os Correios, queixando-se que seu ministério ia ficar "muito pequenininho" sem os 100 mil funcionários dos Correios. Mattar já estava exonerado de suas funções em 15 de dezembro de 2020, quando houve a histórica visita-comício do presidente ao mercadão de São Paulo, a Companhia de Entrepostos e Armazéns Gerais de São Paulo, Ceagesp S/A, empresa pública estadual federalizada em 1997.

O rompimento do presidente com o liberalismo já vinha se desenhando há tempos, mas a crise final que explodiu nesse momento teve seus detalhes conhecidos apenas depois de reunidos e consolidados os diversos relatos preciosos e picantes de testemunhas que atinaram para a transcendência do momento.

Tudo começou de forma um tanto mágica, e inesperada, quando o presidente, logo ao chegar ao palanque, viveu um "momento Philip Roth", como confirmam várias testemunhas:

— Vocês viram meu projeto econômico liberal por aí? Acho que deixei cair... não consigo encontrar, é uma coisa pequena, vocês sabem, pode estar em qualquer parte, as reformas liberais, estavam todas no mesmo chaveiro....

Um dos muitos *alter egos* do escritor norte-americano Philip Roth é um ator que perde sua mágica (Simon Axler, de *A humilhação*), assim, de uma hora para a outra, e se torna um canastrão e uma caricatura de si mesmo.

— É uma coisinha pequena, mas importante para mim, deve estar jogada pelo chão, vamos procurar, por favor.

Os assessores à sua volta não entendiam, "como assim, presidente, perdeu o que mesmo, será que alguém pegou?", e então o Bolsonaro se virou na direção do presidente da Caixa, que se acotovelava entre os circundantes, suado como todos, buscando visibilidade nas fotos, e perguntou diretamente:

— Você viu meu projeto econômico, Pedro...

Não se lembrava do nome completo. Sabia das iniciais, P.G., iguais às do ministro, e das piadas sobre o P.G.2, mais novinho, ainda mais irrequieto, mas o nome era outro, também com "G.".

Pedro G. percebeu, assim como todos em volta, mas enquanto vários já sussurravam "Guimarães", "Guimarães", Pedro G. cochichou bem alto no ouvido que o presidente lhe estendera:

— Vamos abrir uma agência da Caixa aqui...

O presidente vira-se para o público, microfone em riste, e troveja:

— O nosso Pedro Guimarães, presidente da Caixa Econômica Federal, vai abrir uma agência aqui, amanhã mesmo...

E a multidão reagiu com um bafejo de aplausos, como uma fera amorosa rugindo em busca de mais carinho. O presidente voltou a perguntar de seu projeto, mas foi Pedro G. quem tomou a iniciativa, balançando a cabeça decidido, está perdido mesmo, presidente, vamos em frente, a fila anda, e o presidente olhou desconfiado, virou-se para a multidão e soltou o verbo:

— Quanto à privatização, quero deixar bem claro que enquanto eu for o presidente da República, essa é a casa de vocês. Nenhum rato vai sucatear isso aqui para privatizar para os seus amigos.

Uma das testemunhas, conhecedora de Roth, lembrou de uma fala do escritor: a ficção existe para eviscerar a realidade. Outra comentou, em resposta, que no Brasil a realidade possui tripas que a ficção desconhece.

E foi assim que terminou a "fase liberal" do governo, sepultada simbolicamente na Ceagesp, que, aliás, tenha-se claro, não é mais que uma metáfora – com seus 600 funcionários, faturamento de 117 milhões (2019) e prejuízos de mais de 50 milhões acumulados entre 2016 e 2019 – perto dos 7,6 bilhões que o Tesouro colocou em 2019 em aumento de capital da Emgepron (Empresa Gerencial de Projetos Navais), estatal que constrói fragatas para a Marinha.[81]

3.2. O tamanho do Estado (1): o negacionismo fiscal e o teto de gastos

O tamanho do Estado pode ser medido pela receita ou pela despesa,[82] são desejos e possibilidades, duas metades da mesma nação, que devem ter tamanho parecido num país minimamente organizado e responsável. É um dever, uma função inescapável da esfera política conciliar essas metades. As duas não podem divergir por muito tempo, nem muito relevantemente, mas temos tido problemas recorrentes em fazê-las convergir, do que resulta a inflação, o endividamento público e/ou o aumento de carga tributária, às vezes os três juntos.

Falando de pactos fáusticos, vale observar que a inflação, nesse assunto, é uma solução verdadeiramente diabólica, pois substitui com vantagem tanto os impostos quanto o endividamento público: é um imposto sem ritos legislativos e uma dívida sem juros e que não precisa ser paga. O que pode ser mais mefistofélico?

Entretanto, depois que a inflação deixou de ser uma solução fácil e institucionalmente automatizada para regular a desproporção entre sonhos e possibilidades, ficamos com um problema: para não mexer no gasto, nos direitos a eles associados ou no tamanho do Estado, ou bem aumentávamos os impostos ou o endividamento. Foi nesse momento, quando a ausência da inflação foi sentida, que o problema com o tamanho do Estado cresceu de importância.

A inflação solucionava problemas para o mundo político, e a vida ficou mais difícil com a estabilização. A lógica de responsabilidade e sustentabilidade fiscal era límpida e implacável, mas o tamanho do Estado havia se tornado uma pauta sindical (a "valorização" do servidor e a multiplicação dos concursos e carreiras) e um empreendimento de colonização política, uma ocupação. Instaurou-se, assim, um impasse, uma terrível situação em que era preciso fazer escolhas difíceis. É curioso, mas não surpreendente, que, diante de decisões tão difíceis, a postura legislativa mais comum seja de negacionismo. O principal esforço no debate sobre a despesa pública tem sido, historicamente, o de *negar* que existe "restrição orçamentária", ou "escassez de recursos", ou que seja necessário "fazer escolhas".

Na verdade, por estranho que pareça, o Parlamento não gosta de escolhas, especialmente quando há perdedores. A melhor escapatória, e de longe a mais comum, consiste em questionar a necessidade de escolher, negando-se a reconhecer a existência de qualquer limitação aos recursos existentes. Só assim é possível ficar-se com o almoço e com o dinheiro. Muitos parlamentares preferem duvidar da escassez, para não competir entre si ou confrontar seus pares. Parece sempre mais cômodo antagonizar o pessoal da área econômica. Ou mesmo a própria ideia de responsabilidade fiscal. Ou negar a existência de "restrições orçamentárias". Tudo para ter que evitar a escolha entre o Bolsa Família e o Bolsa Empresário, ou entre a habitação popular e o submarino nuclear (ou as fragatas da Marinha), ou entre os auxílios emergenciais e os salários do funcionalismo público.

Não será sempre necessário, conveniente e fotogênico duvidar da escassez, e heroicamente explorar a possibilidade de realizar todos os sonhos, a despeito das (im)possibilidades?

Vai que funciona.

Esse é o negacionismo fiscal, uma doença antiga, fácil de se contrair em Brasília, pois começa com a compulsão em não desagradar ninguém, prossegue com nosso espírito aventureiro (o gosto pela solução mágica) e parece ganhar nova vitalidade com a pandemia. O negacionismo fiscal sempre existiu, mas foi preciso uma circunstância muito singular para fazê-lo explodir: a aparente inconsistência entre o "teto de gastos" (EC95/16) e as medidas fiscais de combate aos efeitos da pandemia.

Em tempos normais já era praticamente impossível uma discussão sobre o *resultado fiscal*, sem se envolver no assunto do *tamanho do Estado*. São coisas diferentes, ao menos quando o mar está calmo. A discussão de calibragem da política fiscal, obedecido algum princípio de sustentabilidade fiscal e da dívida pública, deveria ser cotidiana e fácil, e *não* envolver necessariamente um assunto doutrinário tão difícil.

O primeiro assunto é contábil, o segundo é ideológico.

Entretanto, não são tempos normais. Depois da emenda constitucional estabelecendo o chamado "teto de gastos", em resposta a uma crise fiscal, esses temas se tornaram praticamente indissociáveis. Conforme disse um especialista, "o teto de gasto se tornou a principal regra fiscal do país, tendo conseguido ancorar as expectativas de sustentabilidade fiscal da União, contribuindo para melhorar expressivamente os níveis de risco e os índices de confiança na economia brasileira".[83]

Para outros, a EC95/16 é uma aberração anacrônica e cruel que fere os direitos humanos.[84] Já houve muita divergência entre ortodoxos e heterodoxos no passado, em todos os temas econômicos possíveis, não há nada de novo nessas querelas. Desta vez, contudo, o impasse parece particularmente intransponível.

Como outras emendas constitucionais de "orçamento equilibrado" cogitadas no Brasil, e tentadas em muitos outros países – com destaque para os EUA, com a famosa emenda Gramm-Rudman-Hollings –, a obediência da regra (do "teto" na despesa ou do "equilíbrio") depende crucialmente de *outras* alterações na Constituição com vistas a reduzir (o ritmo de crescimento de) a despesa obrigatória.[85] Afinal, são outras regras constitucionais de igual hierarquia que fazem as despesas crescerem. A coexistência de um "teto constitucional" e de direitos constitucionais a aumentos na despesa é um convite ao impasse. Regras fiscais correm sempre o risco de se tornarem prisioneiras de sua própria rigidez, sobretudo na presença de flutuações cíclicas e choques inesperados na economia. Nesse registro, a pandemia foi simplesmente muito peso sobre o teto.

No momento da concepção da EC95/16, depositava-se grande expectativa de que a reforma da Previdência pudesse criar um amplo espaço de manobra tanto para outras reformas com impactos fiscais positivos, também contenciosas, durante os vinte exercícios financeiros de vigência das regras da EC95/16, quanto para a flexibilidade diante do ciclo econômico que todo orçamento público deve possuir.[86]

Porém, feitas as contas dos impactos da reforma previdenciária afinal aprovada, e dos impactos da pandemia, parece claro que foi antecipado o momento em que o "teto" se mostraria efetivamente limitador e deflagraria o debate sobre sua remoção, reforma ou sobre outras soluções constitucionais para a sua manutenção.[87]

Na verdade, como o projeto de lei de orçamento para 2021 proposto pelo Executivo fixou despesas bem próximas do teto, a discussão da lei orçamentária desse exercício se tornou especialmente transcendente e complexa, como se estivéssemos discutindo um orçamento de base zero e em um terreno constitucional. Era preciso conciliar o "espírito" do teto com os gastos extraordinários determinados pela pandemia, notadamente a continuação dos auxílios emergenciais, bem como encontrar uma solução permanente para a necessária flexibilização de outras regras (as metas para o saldo primário na LDO – Lei de Diretrizes Orçamentárias) em momentos de "calamidade pública", feitas pela EC106/20, a chamada PEC do "orçamento de guerra".[88] Esses foram os principais dispositivos da chamada PEC Emergencial, promulgada em março de 2021, uma solução temporária, e mesmo engenhosa, para impasses que prosseguem.

3.3. O tamanho do Estado (2): a pandemia e a guerra

O "teto" criado pela EC95/16 vinha navegando sem maiores problemas quando o gasto primário explodiu, em decorrência das urgências da pandemia, de tal sorte a fechar 2020 com um déficit primário de R$ 743 bilhões, quando a LDO anterior à pandemia estimava algo como R$ 120 bilhões para o ano fiscal de 2020. Essa meta foi afastada, bem como a "regra de ouro", pelo mecanismo da PEC do orçamento de guerra (EC106/20).

A guerra, como a pandemia, é um risco existencial para a nação, diante do qual não pode haver hesitação – mas nem por isso se deve parar de fazer conta. Era um novo e gigantesco desafio para o país. Na verdade, segundo Thomas Conti: "O enfrentamento da pandemia da covid-19 será o mais próximo que o Brasil já passou de um esforço nacional prolongado de guerra."[89]

O financiamento de uma urgência de saúde pública, que se assemelha ao financiamento de uma guerra, evoca um clássico: Keynes publicou em 1940, quando já era uma celebridade, uma combinação de artigos de jornal transformados em um livreto chamado *How to Pay for the War*, de onde saíram algumas ideias importantes e inovadoras sobre as finanças da guerra, ainda que nem todas boas.

O plano de Keynes de 1940 para financiar a guerra com "poupança forçada" não é tão célebre quanto a sua Teoria Geral do Emprego, de 1936, racionalizando a vitória sobre a Depressão. Não era mesmo uma ideia boa, mas qualquer uma parecia melhor do que o recurso à inflação. Nos anos 1940 já havia pleno emprego e a experiência de usar a inflação para financiar a guerra (a primeira), ou o pós-guerra, tinha sido trágica.[90]

As palavras introdutórias são de uma atualidade, inclusive para o leitor brasileiro, nada menos que desconcertante:[91]

> Não é fácil para uma democracia se preparar para uma guerra. [...] Ninguém sabe quanto tempo isso vai durar. Na área militar, há convicção de que o mais seguro, por ora, é nos prepararmos para um longo enfrentamento. É inadmissível que, na área econômica do governo, continuem a se pautar por perspectiva distinta. O que nos falta, no front econômico, é lucidez e coragem. Não recursos materiais. Coragem acabará surgindo se, da fadiga e do tumulto da guerra, as lideranças políticas conseguirem extrair a lucidez requerida para perceber o que está ocorrendo e conseguir explicar ao público o

que se faz necessário. E aí propor um plano socialmente justo, que saiba fazer desse momento de sacrifício, não uma desculpa para adiar reformas que terão de ser feitas, mas uma oportunidade para ir além do que até agora conseguimos na redução das desigualdades.

As propostas de Keynes de 1940 não estão entre suas criaturas mais festejadas, longe disso. Ele introduziu ideias sobre o que hoje se conhece como "empréstimos compulsórios", que encontraram triste utilização em muitos governos ruins mundo afora, inclusive aqui. E quase foram acordados de seu sono profundo por um projeto de lei complementar[92] que "bateu na trave", mas, felizmente, acabou tendo o seu pedido de urgência retirado de pauta antes que começasse a se tornar uma perspectiva muito concreta. O Brasil conhece bem essas receitas, e a memória sobre elas não é boa, com destaque para o Plano Collor, o mais marcante episódio da espécie.

Aprendemos com muito sofrimento que não há uma "bala de prata" para os problemas dos anos 1940, tendo que ver com financiar o esforço de guerra sem produzir uma hiperinflação. O próprio Keynes sabia disso, diferentemente de muitos dos autointitulados keynesianos brasileiros. Os anos 1940 estão cheios de histórias tristes sobre excessos com a dívida pública,[93] mas não é preciso ir longe, o Brasil viveu uma hiperinflação causada por excessos fiscais. Não é preciso viajar para ver essa criatura. Temos que ser cuidadosos com esse assunto, de modo a evitar os maus-tratos aos fundos de previdência, bem como às pessoas previdentes, que são os últimos que um país endividado deveria punir.

3.4. A responsabilidade fiscal não prejudica as políticas sociais

Durante a campanha eleitoral de 2018, a propósito das ideias liberais, a pergunta mais frequente era sobre os pobres: se o Estado ficar menor, ou mesmo chegar ao "mínimo", onde quer que seja, não vai ficar pior para os pobres? Não vai sobrar menos dinheiro para as políticas sociais? Como vamos combater a desigualdade?

Mais recentemente, as perguntas continuam as mesmas: a ideia de responsabilidade fiscal e a do teto de gastos, em particular, não inviabilizariam o combate à pobreza e os recursos destinados à Saúde, à Educação, ao Meio Ambiente e ao futuro?

Na época do Plano Real, essas mesmas dúvidas eram levantadas, ou seja, se os requisitos da estabilidade, em particular a responsabilidade fiscal, não seriam prejudiciais aos programas sociais, e aos pobres genericamente, de tal sorte que, ao fim das contas, a "estabilização ortodoxa" seria contrária aos interesses dos vulneráveis. Será que há uma incompatibilidade entre a estabilidade e o crescimento? Entre a estabilidade e a justiça social ou, ao menos, o combate à desigualdade?

A estabilização de 1994 serviu para mostrar que essas dúvidas eram tolas, especialmente em vista do fato de que a inflação cria, ou agrava seriamente, os problemas que as políticas sociais tencionam resolver. Hoje se sabe, inclusive por conta da experiência do Plano Real, que a inflação é um criadouro especialmente fértil para a pobreza e a desigualdade.

É claro que a estabilidade monetária e a responsabilidade fiscal não limitam necessariamente nem o tamanho nem muito menos o teor da intervenção do Estado na economia. A responsabilidade fiscal não deve ser vista como obstáculo ao combate à pandemia. Nem faz sentido pensar que o combate à pandemia remove as cautelas que se deve ter em assuntos como a estabilidade monetária.

Os programas sociais podem conviver perfeitamente com a responsabilidade fiscal e com a estabilidade monetária, valores que já aprendemos que devemos preservar. Já deveria estar bem estabelecido que a irresponsabilidade fiscal, na medida em que produz inflação e juros altos, não traz benefício aos pobres, ou melhoria à distribuição da renda, direta ou indiretamente. Já deveríamos ter claro que a pregação inflacionista é um embuste. Conforme observou recentemente uma especialista, "é bonito (e popular) dizer que o governo pode e deve gastar mais. Mas é cruel fazê-lo ignorando a baixa produtividade da máquina, a atual captura dos orçamentos públicos e o consequente desastre alocativo que um Estado antiquado e patrimonialista promove. Ignorar que o Estado brasileiro é fonte de ineficiência e precisa ser reformado antes – e não depois – de torná-lo ainda mais atuante é no mínimo ingenuidade e em alguns casos má-fé."[94]

À luz da experiência da hiperinflação e de seu combate – e a luz aqui é muito forte –, a primeira providência para proteger os pobres, quando se trata de finanças públicas, é muito simples: evitar a inflação e cuidar da responsabilidade fiscal. Não há nada pior para os pobres e vulneráveis que o desenvolvimentismo inflacionista que devastou o país e elevou tremendamente a desigualdade.

Qual o sentido de combater a pobreza com uma ferramenta que a recria?

O fenômeno novo em Brasília, mesmo em vista dos desafios trazidos pela pandemia, é o medo das consequências da irresponsabilidade fiscal, ou de que o juscelinismo irrefreado possa trazer de volta a inflação, ou os juros altos, ou ambos. Foi difícil abandonar as drogas pesadas. Essa é a novidade que pode talvez alterar para melhor o desfecho dos debates fiscais que ficaram agudos com os aumentos de despesa provocados pela resposta à pandemia.

3.5. Chernobyl e a nova privatização

A mudança de modelo econômico que o país precisa enfrentar consiste, em termos gerais, em uma reconciliação entre desejos e possibilidades, como acima sugerido, mas também em diversas agendas específicas, uma das quais a de que o investimento privado venha a fazer o que antes se esperava que o investimento público fizesse, ou em *privatizar*, na margem, a formação de capital.

Essa é a grande privatização a fazer. A outra, mais convencional, pertinente a empresas estatais prontas, já foi feita e, exceto pelos grandes dinossauros (Petrobras, CEF,

BB e Eletrobras), está restrita a empresas de pouco valor considerando prejuízos crônicos, patrimônio negativo e corporações aguerridas e aferradas às suas boquinhas.

Não obstante alguns ganhos fiscais, e também no terreno da moral e dos bons costumes, o Brasil não será transformado com a privatização dos Correios, da Casa da Moeda, da Ceagesp ou da EPL (Empresa de Planejamento e Logística), criada para tocar o projeto do trem-bala. Certamente seria muito bom privatizar, ou talvez mesmo fechar algumas dessas empresas, mas há assuntos mais importantes nos quais gastar as energias políticas limitadas por parte de um governo sem convicções liberais.

O que há para privatizar são as oportunidades de investimento que o setor público não tem recursos para executar. Fácil como, no passado, foi "vender ar", na descrição de um ministro, sobre os leilões de faixas de espectro e respectivas concessões para telefonia móvel. No ar não há sindicatos nem passivos trabalhistas, ao menos por ora.

Não há como escapar de lidar com a falência fiscal e financeira do setor público, mas o problema é que, no Brasil, o inevitável pode demorar várias décadas. A demora é penosa, e tudo vai se desgastando, os equipamentos, as estruturas administrativas, a qualidade do serviço, os padrões éticos. Esse tem sido o drama dos estados, há anos e anos expostos à irresponsabilidade fiscal, apenas à espera das consequências. Afinal, o que pode acontecer com unidades soberanas, ou subsoberanas, como estados e municípios, em decorrência de não pagamento de dívidas? Como se dá a cobrança e a execução? O que acontece quando um estado "quebra"? Pode acontecer com a União?

No setor público, é fato que estamos testemunhando uma verdadeira degeneração administrativa, sobretudo em alguns entes federativos, cujas finanças entraram em um regime de decomposição que pode ser descrito como "o modo Chernobyl", algo que está além de um simples "calote". Alguns governadores da nova safra de 2018 têm feito mágicas para manter as coisas administráveis.

Na atual situação desses estados, não há capacidade de cumprir suas obrigações mais básicas, não apenas as de pagar dívidas – mobiliária, contratual, precatórios –, mas também fornecedores, servidores e aposentados, para não falar em prestar serviços decentes de saúde, educação e segurança. Há muitas formas de colapso, muitas das quais os engenheiros sequer entendem, aliás, exatamente como se passou em Chernobyl, onde os gestores da usina repetidamente alegavam que a explosão do reator, já ocorrida, era impossível.

Chernobyl: Cientistas soviéticos disseram que a explosão era impossível.

A percepção política desse colapso parece aterradora, pois atinge populações inocentes, servidores, contribuintes e aposentados, passantes atraídos pelo clarão, que abordam os legisladores locais em plena rua, trazendo-lhes a experiência inédita de sentir as consequências da irresponsabilidade fiscal continuada. Parece pior que o próprio calote.

Tudo parece estar se estragando, nesses entes públicos, pelo excesso de despesa, ineficiência e corrupção. Os gestores se preocupam apenas com o pagamento da próxima folha salarial, não há mais futuro. Muitos ex-governadores e parlamentares locais enfrentam problemas com a polícia, como os do Rio de Janeiro. Mas, surpreendentemente, como se algo de importância tectônica *não* estivesse acontecendo, ainda vemos políticos pensando em "recuperar a capacidade de investimento" dos estados e da União, como se, depois da explosão de um de seus reatores, Chernobyl pudesse ainda produzir energia.

A explosão de Chernobyl era uma boa metáfora para o fim da Era Soviética, e serve igualmente bem para retratar a decadência final do desenvolvimentismo inflacionista no Brasil, sobretudo no tocante aos entes federativos.

A vida nunca mais será a mesma. É amarga a conclusão de que não vai mais haver investimento público em montantes como os observados nos anos 1970, de forma a "liderar o crescimento", por qualquer critério que se invente, e por três motivos:

(i) "acabou o dinheiro"; o que permite, por incrível que pareça, muitas interpretações: uma, que as vinculações de receita foram ao limite, de tal sorte que não há mais despesa discricionária a lotear como no passado; outra, que o financiamento automático de déficit (com fonte na emissão de dívida pública) não está mais disponível. O fato é que a evidência indiscutível de que acabou o dinheiro é quando a única maneira de lidar com o excesso de despesa é atrasar pagamentos, ou seja, o calote.

(ii) A capacidade de execução de obras públicas colapsou, basta olhar a proporção de obras paradas pelos piores motivos. Segundo o TCU, cerca de 37% de todas as obras públicas federais estão paradas,[95] o que seria sinal de incapacidade de execução, quando se trata de obras públicas. Nem Keynes seria keynesiano nessas condições; e

(iii) os governantes não querem novos "equipamentos" que vão elevar os gastos correntes para a sua operação e manutenção. Nem de graça os governadores e prefeitos querem um novo estádio de futebol, por exemplo, pois ele faz crescer a folha e, além de não haver recursos, os limites da Lei de Responsabilidade estão mais do que estourados.

O desenvolvimento brasileiro precisa lidar com o fato de que, nessas condições, dificilmente haverá contribuição muito relevante do investimento público para o crescimento. O engajamento do setor privado nessa substituição será um dos grandes desafios do novo modelo de prosperidade que precisamos construir, e que tem nessa privatização – aqui num sentido bem mais profundo do que o usual, referente à venda de empresas estatais – uma consequência inafastável do colapso do desenvolvimentismo inflacionista.

Capítulo 4

Os juros

É difícil não exagerar a importância desse novo ambiente de juros historicamente baixos para o Brasil. O dinheiro nunca foi barato no país, exceto nos balcões privilegiados dos bancos públicos, como na Avenida Chile,[96] ou em linhas especiais, a juros camaradas, para brasileiros melhores que os outros. Pois agora os juros de primeiro mundo estão disponíveis para todos. Mais ou menos como se passou com a moeda. Antigamente, só havia moeda estável para os poucos brasileiros que tinham acesso irrestrito à correção monetária. Com o fim da inflação, desapareceu, por ora, o veneno produtor de desigualdade, senão o pior, o mais insidioso e traiçoeiro, e veio a inclusão social num ritmo como nunca tínhamos testemunhado. Foi ótimo em si, é claro, e foi ótimo também para demonstrar que problemas como a pobreza e a desigualdade podiam ser reduzidos com rapidez, se adequadamente endereçados. Foi excelente também como demonstração de que a estabilização da moeda, conforme discutido aqui na seção 3.4, não era um programa de interesse restrito a rentistas e aproveitadores, mas uma espécie de "começo de conversa" sobre política social.

Pois bem, a queda nos juros para um patamar "de Primeiro Mundo" era resultado do mesmo processo iniciado pela estabilização e que parecia amadurecer, anos depois, com excelentes desígnios. A "novidade" dos juros baixos era como um novo paradigma, um "novo normal" muito bem-vindo, cujas implicações podem ser muito importantes, e positivas, sobretudo em temas como o custo do capital e a inclusão financeira. Muita gente não acredita. Há os que dizem que há uma excitação imotivada no mercado financeiro, que tudo não passa de "bolha", e que, em breve, estaremos de volta ao "velho normal". Será?

É verdade que a transformação tectônica representada pelos juros de Primeiro Mundo, talvez a senha para um novo grande momento do mercado de capitais no Brasil, acabou coincidindo com a pandemia. Foi mais uma festa soterrada pela covid-19, embora não totalmente; talvez apenas adiada e não cancelada, como tantos casamentos e formaturas nesse ano triste de 2020.

Na verdade, os efeitos econômicos da pandemia poderiam ser muito piores se não tivéssemos entrado nessa crise com a taxa Selic a 3,75%, a menor na série histórica, e caindo. O país não tinha experimentado uma crise, em tempos recentes, com juros tão baixos e na qual os vilões não eram, além dos juros, o câmbio e as fugas de capitais.

Foi como se tivéssemos utilizado a energia boa dos juros menores não para um passo adiante em matéria de crescimento, mas para melhor nos defendermos da crise. O árduo trabalho de construção institucional de que resultou a mudança para melhor nos juros, ou nos termos de troca entre o presente e o futuro, não foi desperdiçado.

A coincidência temporal com a pandemia, feliz ou infeliz, não cancelou os efeitos positivos da queda nos juros, que vinha de longe, e cujos impactos ainda podem se estender por muitos anos. Persiste a dúvida para o pós-pandemia: que extensão terão os efeitos dos juros nominais de Primeiro Mundo num país que nunca os experimentou?

Para manter os juros baixos será preciso manter sob controle as finanças públicas (a dívida pública) e a inflação. Para este desiderato, nos próximos anos, vamos contar com o apoio claro e entusiasmado de uma classe numerosa e ativa, a dos devedores e ansiosos em geral. Mas será preciso mobilizá-los para alterar decisivamente a "economia política" dos debates sobre responsabilidade fiscal.

Este capítulo se divide em quatro seções, a primeira tratando do longo percurso da taxa de juros até os mínimos históricos experimentados em 2020. As três seções que se seguem especulam sobre a extensão das mudanças que se pode esperar a partir dessa nova realidade de juros, caso perdure, é claro. A seção 4.2 trata do modo como os juros expressam preferências intertemporais da sociedade, e mostra como está profundamente arraigada na alma brasileira a lógica dos juros altos. A seção 4.3 cuida de compreender os "fundamentos" que dão sustentação aos juros baixos; e a seção 4.4 aborda o fenômeno do *crowding in* ou o papel que se espera que o mercado de capitais venha a ter no novo ciclo de crescimento do país, passada a pandemia.

4.1. Juros de Primeiro Mundo, pela primeira vez

A marcha dos juros brasileiros na direção do Primeiro Mundo, chegando a patamares jamais observados no país depois da República Velha, é exibida na Tabela 2, e reflete diversos fatores, entre os quais a consolidação da estabilização, o assentamento de suas bases institucionais, o amadurecimento do regime de metas para a inflação, bem como da percepção de (maior) sustentabilidade fiscal.

Tabela 2: **Juros e inflação em três tempos**

	SELIC	IPCA
	Taxa anual, média de taxas diárias do período	Taxa anual, média do período
Junho de 1994	11336%	10445%
Primeiros 10 anos do R$ (1/7/1994 a 1/7/2004)	28,3%	10,3%
Primeiros 20 anos do R$ (1/7/1994 a 1/7/2014)	20,1%	7,9%
Segunda década do R$ (1/7/2004 a 1/7/2014)	12,1%	5,9%
11/3/2020	4,15%	2,80%
4/12/2020	1,90%	2,67%
Focus 07/12 expectativas		
2020	2,00%	4,21%
2021	3,00%	3,34%
2022	4,50%	3,50%
2023	6,00%	3,25%

Taxas Selic: médias diárias, conforme praticadas, acumuladas no mês, anualizadas com base em 252 dias úteis e médias para os períodos designados. Para 11/03/2020, o IPCA diz respeito à inflação média anualizada para os meses de fevereiro e março. Para 04/12/2020, a variação se refere à inflação média verificada entre dezembro de 2020 e fevereiro de 2021, anualizada. Os dados para 2020-2023 são expectativas, com data base de 31/12/2020, reportadas no Relatório Focus, um *survey* conduzido semanalmente pelo BCB com mais de uma centena de especialistas sobre projeções das principais variáveis macroeconômicas. Fontes: Dados primários do Banco Central do Brasil e Relatório Focus.

A Tabela 2 procura dar cores precisas à novidade representada pelos juros baixos que se praticava no país no início da crise, quando a OMS definiu como pandemia o surto da covid-19 (11 de março de 2020), em comparação com a experiência passada. A tabela também mostra o que se previa para adiante, ao final do ano.

Para começar, destaque-se os impressionantes números para o período anterior a 1994, cujas ordens de grandeza evocam a tragédia já distante, felizmente, que era "não proteger/aplicar o dinheiro" todos os dias, naquela época terrível.

Os juros praticados nos primeiros 10 anos do real como padrão monetário atestam o papel de política monetária para a consolidação da estabilização: vale notar que os primeiros doze meses do novo padrão monetário foram críticos (Selic a 60,2% anuais, em média, e inflação média pelo IPCA de 33,1%[97]). E os primeiros dez anos, descontado o primeiro (Selic a 22,84%, em média, e inflação média pelo IPCA de 8,16%), se parecem muito com a segunda década, como se vê na tabela.

Parece clara a evolução tendencial para um ambiente de juros mais moderados, na medida em que vai se ampliando a "distância" temporal e conceitual da experiência da hiperinflação, o que convida a especulação sobre como será o país com estabilidade de preços e juros moderados.

Essa transformação demorou a se apresentar, mas, caprichosamente, a taxa de juros chegou a níveis de primeiro mundo apenas em 2020, nada menos que 22 anos depois de a inflação chegar a níveis de Primeiro Mundo, em 1998.

Para o período mais recente, a Tabela 2 mostra onde estávamos em 11/03/2020, o dia número um da pandemia: Selic em 4,15% e a inflação medida pelo IPCA bem mansa, em *menos* 0,78%. A variação do IPCA no mês de março de 2020 foi, na verdade, de 0,07% (0,84% anuais), e nos meses de abril e maio experimentou deflação (*menos* 0,31% e *menos* 0,34%, respectivamente). A tabela usou uma média para março e abril, *menos* 0,78%, o que permite a curiosa impressão de que a Selic de 4,15% estava *alta* nesse momento. Tanto estava, que caiu nas três reuniões do Copom que se seguiram (em 18/03, 06/05 e 17/06), antes da 232ª reunião, de 05/08, quando o Copom encerrou o ciclo de baixa ao chegar a 2%. Não faria sentido atravessar a pandemia com juros reais positivos.

Em dezembro, a Selic ainda não tinha se movido, mas a sazonalidade favorável do IPCA havia se invertido, a inflação era maior e os juros reais entravam no terreno negativo. Segundo a ata da reunião de 8-9 de dezembro, quando manteve os juros em 2%, ainda que com novas cautelas, o Copom considerava "adequado o atual nível extraordinariamente elevado de estímulo monetário que vem sendo produzido pela manutenção da taxa básica de juros em 2%".[98] O tom dos documentos do BCB vai ficando um tanto mais sombrio desde então, até a reunião de 16-17 de março de 2021, quando o Copom iniciou um ciclo de alta da Selic, o qual, todavia, foi largamente antecipado e pouco ou nada alterou nas previsões para a inflação e para os juros no médio prazo.[99] O sistema de Metas para a Inflação é sólido, todos acham que será mantido sem abalos e parece ter se fortalecido com a passagem da Lei Complementar n. 179, que alterou "os objetivos do Banco Central do Brasil" e dispôs sobre "sua autonomia e sobre a nomeação e a exoneração" de seus dirigentes.

A nova lei, festejada como a da "autonomia do Banco Central", não era tudo isso, mas não era pouco. Foi a primeira alteração relevante na Lei n. 4.595/1964, pertinente à governança do Banco Central, desde a Emenda Constitucional 40, de 29 de maio de 2003, que tinha alterado o famoso artigo 192 da Constituição, com vistas a revogar seus parágrafos e incisos, entre eles a limitação dos juros reais em 12%.[100] A LC179/2020 reforçou a arquitetura do sistema de metas, refinou o objetivo do BCB[101] e estabeleceu mandatos fixos de quatro anos para os dirigentes da instituição, não coincidentes com os do presidente da República, à semelhança do que se passa nos bancos centrais de outros países e nas agências reguladoras brasileiras.

Os dirigentes do BCB no exercício de suas funções no momento da sanção da nova lei terão que ser reconfirmados em seus cargos pelo presidente da República em 90 dias, o que fará com que o presidente do BCB e dois de seus diretores passem a ter mandatos até 31/03/2024, mais de um ano dentro do mandato do próximo presidente (segundo o art. 8º).[102]

Nada disso interferiu relevantemente nas expectativas para a inflação futura, medidas pelo IPCA, conforme reportadas pelo Relatório Focus. A Tabela 2 mostra as expectativas ao final do ano de 2020 indicando com bastante clareza que não se vislumbrava nenhum sobressalto no regime de política monetária e de inflação baixa, e consequentemente pouca chance de que não se mantenham os juros em níveis baixos, ao menos comparados com a experiência anterior, ressalvadas as oscilações determinadas pela política monetária. As expectativas de inflação se encontravam "ancoradas", para usar o idioma "coponês".

É natural que o país experimente oscilações nos juros, mas dificilmente em magnitudes que alterem o fato de que o país entrou para ficar numa fase de juros muito mais baixos do que jamais praticou no passado.

4.2. A "sociologia" do juro baixo

O juro, real ou nominal, tem sido, direta ou indiretamente, o personagem central de todo o tipo de cálculo econômico no Brasil, ao menos nas últimas três décadas. O valor das coisas duradouras, sobretudo as que produzem fluxos de caixa no tempo, é determinado pelo modo como tais fluxos são *descontados e trazidos a valor presente*. Portanto, os juros funcionam como uma espécie de medida da miopia econômica de um país, ou da distância econômica entre o hoje e o amanhã, ou dos termos de troca entre o presente e o futuro, pois os juros sempre aparecem no denominador dos "fatores de desconto" utilizados para "trazer a valor presente" as quantias que estão no futuro.

Nesses termos, juros altos e dívidas pesadas são duas metades de um mesmo fenômeno social, conforme descrito por Eduardo Gianetti:[103]

> O problema de fundo no enredo do crescimento [...] reside na existência de uma tensão intertemporal. Há um conflito renitente entre a força do apego ao presente [...] e a força do apelo de um futuro melhor [...] tanto a inflação como o abuso de poupança externa representam tentativas de encontrar a "solução", mas sem enfrentar a raiz da questão. [...] Na falta de uma solução[...], resta como alternativa juros primários cavalares [...] No conto "O Empréstimo", Machado de Assis retrata os percalços de um personagem que possuía a "vocação da riqueza, mas sem a vocação do trabalho". A resultante desses dois impulsos discrepantes era uma só: *dívidas*. Há sociedades que parecem abrigar uma condição semelhante. Elas têm a vocação do crescimento, mas sem a vocação da espera. E a resultante, quando não é a inflação ou crise de balanço de pagamentos, é também uma só: *juros altos*.

Segundo essa lógica, os juros altos e dívidas pesadas refletem uma espécie de miopia ou ansiedade pelo presente, e seria fácil, porém enganoso, acreditar que essa imprevidência constitui traço visceral da nacionalidade, pois assim estaríamos transferindo ardilosamente a culpa para o devedor: o brasileiro jovem, impaciente e crente em um futuro tão pródigo que nenhum excesso próprio da mocidade deixaria de ser consistente com as riquezas havidas neste país do futuro. Uma vez estabelecido no imaginário nacional esse otimismo meio temerário, fica absolvido o Estado da acusação de promover a ansiedade por meio de seu descontrole.

Na verdade, é muito possível que o nosso problema não tenha que ver propriamente com a mocidade, que pode ser encontrada em diversas sociedades, mas com distorções em mecanismos de decisão coletiva no interior do Estado, e mais precisamente nos controles e processos pertinentes às finanças públicas e ao endividamento social, que acabam desmantelando os frágeis equilíbrios individuais entre a abstinência e a prodigalidade.

Com efeito, se o Brasil tem sido o campeão mundial de juros, há anos, é preferível pensar que temos um problema com as nossas instituições orçamentárias a admitir que existe alguma coisa muito errada com o nosso futuro, com a alma nacional, ou que exista algum travamento à prosperidade que todos achamos que nos espera no futuro. É como se o célebre presságio otimista de Stefan Zweig se convertesse numa maldição: "O Brasil é o país do futuro, *e sempre será*."

Esse complemento à frase original é o que define a maldição e muda completamente o sentido da profecia: esse futuro está muito longe, não vai chegar nunca. O que é o mesmo que dizer que os juros *sempre* serão muito altos, e/ou que as dívidas são muito pesadas, e que estamos aprisionados no presente, para sempre promissores e promitentes, acumulando dívidas com nossos excessos, mas sem permanecer jovens: fadados a envelhecer antes de enriquecer, conforme um vaticínio comum, que já se tornou um lugar-comum.

A crença inabalável em um futuro de opulência, um traço básico de nossa identidade, sempre afastou do brasileiro o medo de se endividar, tanto os brasileiros comuns quanto as autoridades responsáveis pelo Tesouro Nacional. Diante das riquezas que existem no subsolo ou no fundo do mar, quem se importa com os termos de troca entre o presente e o futuro, a taxa de juros? Não há dívida grande o suficiente para um país destinado a ser tão rico.

Na verdade, a julgar pelos juros que temos praticado nos últimos anos, ou pelo número de superendividados no país, é gigantesca a preferência pelo consumo hoje, relativamente ao futuro, e/ou enorme a prosperidade que vamos descobrir mais adiante. Ou ambas.

Dívida e juros são, portanto, temas coligados, expressões de uma mesma matriz: a dívida é o consumo hoje da renda que talvez exista amanhã, e o juro é o preço relativo entre dinheiro (renda) hoje e no futuro, uma espécie de relação de troca, ou preço relativo entre o presente e o futuro. Um depende do outro: é como se fossem fixados simultaneamente, obedecendo uma mesma lógica. Sim, dívida e juros são duas metades de uma mesma verdade, a expressão de uma enorme impaciência, que beira o irresponsável, eis um ângulo importante de nosso problema fiscal.

Não há nada de intrinsecamente errado na impaciência no desfrute da prosperidade, sobretudo se Stefan Zweig estiver correto (na sua afirmativa original, sem a maldição). Nossas dívidas seriam apenas a transferência para o presente de uma fortuna que certamente virá no futuro.

Mas e se a nossa prosperidade futura não estiver assegurada? Se não houver riquezas no subsolo? E se estivermos antecipando o que não existe?

O crescimento da dívida pública nos últimos anos trouxe preocupações quanto à sustentabilidade financeira do Estado. De forma semelhante, o crescimento do endividamento familiar no mesmo período trouxe preocupações com uma espécie de obsessão com o "aqui-agora", e que tem sido associada ao consumidor de baixa renda, carente de educação financeira, incentivado a comprar "em vezes" e que facilmente se enreda em endividamento excessivo.

Ao que parece, o país estaria carente de educação financeira, aí compreendendo as autoridades econômicas e os políticos responsáveis pelo orçamento. Estamos todos embriagados de ansiedade, enganados sobre o futuro, numa crise de miopia? Ou são os economistas que não entenderam a conta ou a conveniência política de se antecipar o desfrute de nosso futuro opulento?

Se falta "educação financeira" aos jovens brasileiros, presas fáceis do superendividamento, o que dizer dos responsáveis pelo orçamento público no Brasil?

Lamentavelmente, contudo, não se trata apenas de deficiência em educação financeira. Há um problema com incentivos, que derivam das instituições orçamentárias brasileiras.

No decorrer do tempo, Brasília desenvolveu enorme habilidade para fazer acordos políticos que espetam a conta em quem não faz parte da conversa. Daí os "pactos sociais" de que resultam a tributação do ausente, sendo que o exemplo mais célebre era a própria inflação, sabidamente, um imposto sobre o pobre, cobrado sem que tenha sido autorizado pelos devidos ritos legislativos e pelo qual ninguém se responsabilizava.

Os senhores parlamentares entravam em acordo sobre despesa e receita, a primeira muito maior que a segunda, e o Poder Executivo fechava a conta pintando pedaços de papel que as pessoas eram obrigadas a aceitar em pagamento por mercadorias e serviços.

Antes de 1994 se descrevia esse tipo de dinâmica social como "conflito distributivo", cuja solução era proporcionada pelos recursos gerados pela inflação, que funcionava como uma *tributação do ausente*, o excluído do sistema financeiro e da correção monetária, o indefeso diante da inflação, o pobre.

Depois de 1994 ficou claro que estávamos diante de um outro tipo de conflito distributivo, aquele onde a tributação recai sobre outro ausente, ainda mais vulnerável, as crianças. A dinâmica orçamentária é a mesma, só que o déficit, ou o *rombo*, para usar o termo técnico, é coberto por dívida, não mais com papel pintado. Faz toda a diferença, pois, para usar uma daquelas verdades monótonas e incômodas de que é feita a ciência econômica, *a dívida de hoje é o imposto de amanhã*. Ou seja, *a dívida pública é uma espécie de imposto sobre a herança*, ou um legado negativo sob a forma de novos impostos inevitáveis que deixamos para os nossos filhos. Há, portanto, um novo conflito distributivo em operação, e sua natureza é intergeracional: velhos explorando os jovens, seus próprios descendentes.[104] Tributar as crianças talvez seja uma fórmula ainda mais cruel para sermos um país sem futuro.

4.3. O fundamento para o juro baixo

Numa certa época era muito comum, sobretudo quando se tratava de um outro preço controlado pelo BCB, o câmbio, afirmar que não havia senão um pequeno espaço para a Autoridade Monetária trabalhar com valores em discrepância dos "fundamentos". Isso gerava, é claro, muita divergência de opinião sobre onde estavam exatamente os determinantes fundamentais, ainda que, nesse caso, o balanço de pagamentos estivesse, em grau variável, em todas as respostas.

Mas, e quanto aos juros, qual é o "fundamento"?

Será verdade que, tal como se passa com o câmbio, *não* se trata de decisão inteiramente discricionária da Autoridade Monetária e que há limites dados por "fundamentos" que não se deve desafiar?

O "fundamento" para a taxa de juros é o equilíbrio fiscal, as oscilações na percepção sobre sua sustentabilidade.

Essa simples verdade pode ser explicada pelo fato de que o governo é o maior dos devedores, tão grande e voraz ao se endividar que a dívida pública se tornou, em si, um determinante fundamental dos termos de troca entre o presente e o futuro, às vezes em aberta competição com o Banco Central. No Brasil, como em outras partes, é longo e opulento o histórico de inconsistências entre a política fiscal e a política monetária.

Há certa resistência em admitir uma "natureza fiscal" nos juros, sobretudo entre parlamentares e suas respectivas assessorias, na linha do que se argumentou anteriormente, a propósito da propensão a negar de maneira sistemática a existência de "restrição orçamentária", "escassez de recursos" e, em última instância, a existência de um "problema fiscal", fenômeno acima designado como negacionismo fiscal.

Seria como admitir que o orçamento termina por determinar a taxa de juros.

No Brasil, entretanto, tudo passa como se houvesse uma tácita divisão de tarefas estabelecida, pela qual o BCB não se mete em assuntos fiscais, que são do Legislativo, e este não interfere na política monetária, pois não tenciona aceitar para si um centímetro da culpa pelos juros altos. Exceto quando se trata de assuntos regulatórios, pois aí estão as taxas de juros de empréstimos subsidiados setoriais (para a agricultura, por exemplo) e as ideias de limitação aos juros do cheque especial[105] e do crédito rotativo no cartão de crédito.[106] O Legislativo está sempre disposto a explorar "exceções" para vulneráveis e situações especiais. O Legislativo quer fazer o bem, e não gosta de escolhas que resultem em um dos lados sempre insatisfeito.

O Legislativo não gosta de pensar que os juros são altos por causa da indisciplina fiscal. Se você disser a um parlamentar, ou a todos, que os juros são altos por causa do déficit e da dívida, e que será inevitável aumentar os impostos, ou os juros, em razão da dívida, ele(s) vai(vão) se irritar, você vai escutar um monte, uma dissertação sobre a independência dos poderes, sobre a arrogância dos tecnocratas, sobre a importância do social, e sobre o dever do parlamentar de questionar os limites do possível. Assim é Brasília, na prática.

É compreensível, ainda que meio canalha, que os senhores parlamentares não queiram criar impostos hoje para pagar as contas dos parlamentares de ontem, pelas dívidas que deixaram; não é responsabilidade dos atuais parlamentares, que também não querem pensar nos impostos de amanhã, criados pelos déficits de hoje, pois isso não lhes pertence, mas aos parlamentares de amanhã. Assim é a alternância no poder, na prática.

Do lado do Banco Central, é sempre delicado falar de assunto fiscal, mesmo quando se trata de reconhecer o estado precário do que está mal, e todos estão vendo.

Pode parecer que, ao centrar as atenções na regra que associa o juro fixado pelo Copom ao "hiato do produto" (ou à capacidade ociosa, ou ao nível de atividade relativamente ao pleno emprego) e à inflação (ou a diferença entre a meta e a realidade),[107] o mercado e seus sacerdotes enxergam a política fiscal como uma espécie de distração que não diz respeito ao Banco Central. Como se qualquer coisa que pudesse afetar a decisão sobre taxa de juros, e que não estivesse explícita nas fórmulas aplicadas pelo Copom, fosse uma interferência indevida na política monetária.

Entretanto, é claro que a política fiscal está presente nas expectativas que movem as fórmulas e os modelos que orientam o regime de metas, e os dirigentes do BCB não se furtam a enfatizar a importância da política fiscal e, genericamente, das reformas, de tempos em tempos.

Já faz parte da rotina, nos últimos anos, que as atas do Copom tragam advertências como "questionamentos sobre a continuidade das reformas e alterações de caráter permanente no processo de ajuste das *contas públicas* podem elevar a *taxa de juros estrutural* da economia".[108]

A essas advertências se somam, por exemplo, alusões à "dupla personalidade dos juros", como se existissem "*duas Selics*: a necessária para atingir a meta para a inflação, e a que garante a demanda pela dívida pública".[109] Na verdade, é exatamente o que se passa na União Europeia, onde, às vezes, os Tesouros Nacionais de alguns países, em razão de necessidades extraordinárias, ou de falta de disciplina fiscal, se veem forçados a fazer colocações de seus títulos em grandes quantidades. Esse volume pressiona para cima as taxas de remuneração desses papéis, independentemente do que faz o Banco Central Europeu (BCE). Os juros para a Itália, por exemplo, podem subir por culpa dela, mas não os da Europa, que não tem nada com isso. Poderia perfeitamente acontecer no Brasil, com os estados da federação: se o Rio Grande do Sul quer se endividar, que pague mais juros a quem se arriscar a comprar seus papéis e não obrigue os estados mais previdentes a viver sob juros maiores.

A separação entre o fiscal e o monetário na Europa

permite que se enxergue com mais clareza a "dupla personalidade" dos juros, um problema que o Brasil enfrentará crescentemente nos próximos anos.

4.4. O mercado de capitais e o *crowding in*

Não é só no Brasil que se observou um certo descolamento entre o mercado financeiro e o mundo real, sobretudo em vista das realidades da pandemia e suas consequências, inclusive sobre a atividade econômica. As bolsas subiram, sobretudo depois de passados os primeiros momentos da pandemia, e de grandes quedas iniciais. Novas e mirabolantes ofertas primárias (os I-P-Os, conforme o acrônimo em inglês, muito popular no mercado financeiro brasileiro, para "ofertas públicas iniciais" de ações) revelavam palpitantes histórias de empreendedorismo e de aventura, o bitcoin batia recordes, tudo reforçando a sensação de que as autoridades podiam ter errado a mão em matéria de criação de liquidez em resposta aos impactos iniciais da pandemia.

As autoridades fiscais e monetárias, as daqui como as de outros países, possuíam uma experiência e uma memória de crises muito marcada pela experiência de 2008, a temida crise bancária sistêmica.

Muitas práticas, bem como inúmeros aperfeiçoamentos institucionais e regulatórios (relacionados a testes de estresse e requisitos de capital em várias camadas, por exemplo), foram aí desenvolvidas e passaram a compor o que a linguagem das burocracias internacionais tratava como "o *playbook* de 2008". Entretanto, a crise de 2020 tinha outros elementos econômicos inéditos e difíceis, dos quais ao menos dois se mostravam particularmente complicados.

De um lado havia o efeito direto da crise sanitária sobre a mobilidade e atividade, o que se desdobrava em múltiplas questões que mesclavam economia e epidemiologia. Era tudo novo nesse diálogo, do qual resultou a popularização de conceitos como o do "R_o" (ou a "taxa de reprodução", ou de contágio, ou "R-zero", vinda dos Modelos SIR, acrônimo em inglês para Suscetível-Infectado-Recuperado, a denominação do modelo quantitativo canônico para epidemias), do "achatamento da curva" e do debate sobre a efetividade das chamadas NPIs (acrônimo em inglês para as "intervenções não farmacológicas", referindo-se às variadas formas e gradações de "distanciamento social", incluindo o *lockdown*), por exemplo.[110]

De outro, havia o fato de que os "problemas de liquidez" trazidos pela crise não estavam propriamente localizados nos grandes bancos, mas no varejo, ou seja, nas milhões e milhões de empresas e pessoas que tiveram suas atividades e faturamentos interrompidos por conta da crise. Era um problema não apenas gigantesco, mas também de uma natureza diferente daquele da "crise sistêmica" de 2008 iniciada por problemas em bancos grandes. Desta vez, diferentemente, era preciso que as autoridades pudessem "chegar ao varejo". Entretanto, os bancos centrais geralmente não possuem nenhuma capacidade de lidar com o varejo; sua origem tem a ver com a função de "banco dos bancos" e frequentemente, inclusive no Brasil, há restrições formais a que tenham relacionamento com o público em geral, especialmente não financeiro.[111] Para chegar ao varejo é preciso trabalhar por intermédio dos bancos, o que nem sempre é simples, e nem sempre funciona.

Em razão desses problemas "novos", muitas vezes percebidos como intransponíveis, era compreensível que as autoridades carregassem nas tintas na parte do problema sobre a qual tinham algum conhecimento e experiência. Essa é a explicação mais comum para um certo excesso nas providências de criação de liquidez tanto no Brasil como em outras partes do mundo.[112] No Brasil, entretanto, essa dinâmica se sobrepôs ao enredo da redução "estrutural" das taxas de juros e dos efeitos benignos que isso já trazia para a economia. É verdade que mesmo antes da pandemia uma nova atmosfera parecia se avolumar em torno de um mercado de capitais de vezo mais privado e menos dependente do giro da dívida pública. Parecia enfraquecida a cultura do CDI-diário e muitos investidores (tanto institucionais quanto os de varejo) buscavam prazos maiores e mais risco em títulos e valores de emissão de entes privados, com implicações relevantes para a disponibilidade de *funding* de longo prazo para as empresas de fontes privadas.

Paralelamente, os grandes bancos viram-se sob ataque das plataformas abertas (agentes autônomos, muitos ex-gerentes de bancos agora operando a serviço do cliente, sem conflitos de interesses) e dos bancos digitais, cujas contas de pagamento erodem as bases tradicionais de captação de depósitos e clientes.

Tudo isso parecia proporcionar uma espécie de confirmação para a teoria da seção anterior sobre o "fundamento fiscal" da taxa de juros, eis que o Brasil parecia viver o caminho inverso, ou a reversão do processo conhecido (nos livros de macroeconomia) como *crowding out*.

Não há uma tradução boa para essa expressão e, na verdade, mesmo a definição técnica está sujeita a dúvidas. Olivier Blanchard, o consagrado economista francês, professor em Harvard, autor do que pode ser o livro-texto de macroeconomia mais utilizado no planeta, e ex-economista chefe do FMI, foi quem assinou o verbete referente ao *crowding out* para o *Dicionário Palgrave*, o mais famoso entre os dicionários de economia. Sua definição para o fenômeno vai além da caracterização clássica, de acordo com a qual, tipicamente, o governo, em uma economia em pleno emprego, eleva a despesa pública, com vistas a incrementar a atividade econômica e o emprego, mas fracassa em seus objetivos porque provoca um aumento de juros que frustra seus propósitos.

O problema reside no fato de, na situação de "pleno emprego", a demanda criada pelo governo acaba *competindo* com a do setor privado por recursos limitados, de tal sorte que a nova despesa pública acaba "deslocando" ou "expulsando" (ou "cancelando", para usar uma palavra da moda) a demanda privada (de investimento ou de consumo). A variável de ajuste, a que produz a redução no gasto privado para acomodar mais gasto público, é a taxa de juros, e assim o aumento na despesa pública acaba produzindo mais juro, menos investimento e consumo privado, mais Estado e zero efeito sobre o nível de emprego. Eis o paradoxo do *crowding out*, um tema clássico dos cursos introdutórios de macroeconomia, e uma pista preciosa para se entender por que o Brasil tem tido juros tão altos por tanto tempo.

É sempre polêmica a caracterização, na prática, dessas situações, bem como a tese segundo a qual os excessos de gasto público, no decorrer do tempo, e por conta desse mecanismo de *crowding out*, teriam levado o Brasil à condição de campeão mundial de juros, mesmo tendo em mente que o Brasil é o campeão mundial de Dívida Pública, entre países emergentes. Mas há sempre muita briga quando se tenta associar o excesso de dívida com o excesso de juros, em Brasília, como em qualquer capital.

Não obstante, o fato é que a reversão do processo de *crowding out*, conhecida como *crowding in*, parece descrever, em alguma medida, o que estamos experimentando no Brasil em decorrência da prática de juros de Primeiro Mundo. Resta ver qual será a magnitude desse efeito, e por quanto tempo estará conosco.

Para uma avaliação da magnitude dos efeitos que o juro baixo pode ter sobre a economia é útil observar o Gráfico 2, que mostra o valor de mercado (ou capitalização de mercado, conforme o jargão dos especialistas) do conjunto das empresas listadas na B3,[113] medido em dólares.

Gráfico 2: **Capitalização de mercado das empresas listadas na B3**

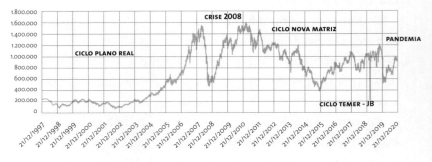

Fontes: B3 e Banco Central.

A ordem de grandeza das flutuações exibidas no gráfico é nada menos que mirabolante, e se observa mesmo com outros deflatores.[114]

O que produz tamanha oscilação no valor dessas empresas?

Sabe-se que o valor de mercado de uma empresa tem a ver com o futuro, criatura instável, como se sabe, especialmente no Brasil, e mais especificamente tem a ver com fluxos de caixa futuros (pois todo e qualquer ativo é sempre um fluxo de caixa anos à frente) trazidos a valor presente. Portanto, nas mensagens do mercado sobre o valor das empresas brasileiras há informações importantes sobre o futuro, ao menos no que é mais proximamente relevante para essas empresas, e sobre os termos de troca entre o presente e o futuro, com base nos quais o mercado *desconta* esses fluxos de caixa.

A taxa de juros é uma variável-chave para o que se passa nesse gráfico, embora não seja, é claro, a única e nem mesmo a principal influência em algumas de suas oscilações mais proeminentes. Cada ciclo tem suas particularidades, não é preciso recontar cada uma dessas histórias, basta notar o tamanho das flutuações da riqueza financeira[115] alocada nessas ações para aferir a magnitude da influência dessas considerações sobre o que se passa na economia.

O ciclo do Plano Real levou a capitalização de mercado da bolsa brasileira da faixa de 200 a 300 bilhões de dólares para algo superior a US$ 1,5 trilhão. Um colosso em matéria de criação de valor. A crise de 2008 produziu perdas agudas, aqui magnificadas, pois são medidas em dólares, mas rapidamente recuperadas. Dilma Rousseff inicia sua experiência com a Nova Matriz Macroeconômica em um pico de valor para as empresas brasileiras e patrocina uma imensa destruição de valor que detonou quase todo o progresso anterior.

A partir do *impeachment* tem início um lento, mas relevante, movimento de recuperação, que se interrompe com os efeitos iniciais da pandemia. Mas tem havido uma retomada, para a qual a permanência dos juros em níveis baixos, no contexto da preservação da responsabilidade fiscal e do sistema de metas para a inflação, será fundamental. Resta ver como o arcabouço construído a partir do Plano Real sobreviverá à pandemia e a Jair Bolsonaro.

# Capítulo 5
Tópicos especiais e assuntos inesperados

Essa crise econômica associada à pandemia não se parece com nenhuma das outras que experimentamos nos últimos anos. Mas seus impactos são tão vastos que nenhuma das rotinas de crises passadas – fugas, ataques e corridas – pode ser descartada.

A crise sanitária afetou cada aspecto da engrenagem econômica, e muitas vezes de forma surpreendente e inesperada. A covid-19 sacudiu a árvore da economia como não se poderia imaginar.

Este capítulo trata de alguns frutos que caíram, porque estavam maduros ou por força do choque, pouco importa, cada um deles é uma longa história, ainda passível de muitos desdobramentos.

Quem poderia dizer que, diante de tanto desemprego e insegurança no mundo do trabalho, a tendência no Brasil seria na direção de um regime mais flexível? Quem diria que fechar empresas se tornaria um tema importante? Quem diria que a digitalização do dinheiro fosse ganhar impulso justamente agora?

5.1. O mundo do trabalho: *gigs* e o *kurzarbeit* verde-amarelo

As consequências econômicas mais visíveis da crise desencadeada pela pandemia estão no mundo do trabalho, primordialmente por conta de um crescimento brutal e sem precedente do desemprego, do desalento e da incerteza por todo o planeta. Há muitos outros temas, mormente ligados a novos paradigmas tecnológicos, efeitos da automação, e a experiência do trabalho remoto, tão discutido durante a pandemia. Em meio a tudo isso, duas inovações foram particularmente inesperadas:

(i) há menos desconforto com as consequências de novas tecnologias, destacadamente empregos *gigs* e trabalho a distância, entre outros, ao menos nos primeiros momentos;

(ii) há um claro viés, em medidas emergenciais adotadas mundo afora, na direção de regimes mais flexíveis de trabalho, ou mais espaço para negociações bilaterais descentralizadas, mesmo que como exceções regulamentares a sistemas rígidos.

Gig, em inglês, é uma gíria de músicos, mas também uma expressão já amadurecida e internacionalizada para novas formas de emprego no âmbito da economia digital e de compartilhamento. Descreve algo conhecido no Brasil como um "frila", ou uma ocupação *freelancer*, eventual, pois captura, por exemplo, quem trabalha como prestador de serviços oferecidos no âmbito de uma plataforma organizada por meio de um aplicativo. Os motoristas e entregadores de aplicativos são os casos mais famosos de empregos *gigs*, um fenômeno que está em toda parte, já se podendo afirmar que é uma mudança tectônica no mundo do trabalho. É uma porta de entrada, mesmo em países com legislação trabalhista muito rígida, para ocupações mais flexíveis, ou mais precárias, dependendo do observador.

É muito antigo, muito polêmico e muito inconclusivo o debate sobre a "rigidez" do mercado de trabalho, ou sobre as vantagens e desvantagens relativas do sistema flexível, tipicamente americano, *vis-à-vis* os sistemas regulados e pesados como os que vigoram na Europa Continental e no Brasil.

Os regimes rígidos podem funcionar bem em economias ricas e estáveis, mas se as prioridades se alteram, em razão de desafios econômicos, na direção da manutenção do emprego (em tempos difíceis) e da melhoria da produtividade (porque os tempos estão difíceis), os regimes mais flexíveis seriam mais recomendáveis.

Inquestionavelmente, todavia, a tecnologia, e depois dela a pandemia, alteraram as condições de contorno, no Brasil como no resto do mundo, de tal sorte que muitos países tiveram que revisitar a posição em que se encontram no *trade-off* entre rigidez (garantias e direitos) e flexibilidade (livre contratação). Essa redefinição é o que temos discutido, no Brasil, sob a denominação de reforma trabalhista, assunto que também inclui jabuticabas nossas como o imposto sindical, o sistema "S" e a Justiça do Trabalho.

O tema tem se colocado em muitos países, pois não há como escapar da disseminação da economia do compartilhamento, dos empregos *gigs* e do renovado interesse no emprego temporário. O desafio estava em toda parte, discussões judiciais vinham se multiplicando na Califórnia como em São Paulo, o assunto já era global e não estava pacificado antes da pandemia. Mas não há dúvida de que o assunto ficou diferente depois da covid-19.

Para começar, os empregos *gigs* vinham se multiplicando de forma espontânea, ocupando parcela ponderável e crescente do mercado de trabalho e introduzindo uma convivência, nem sempre muito tranquila, entre empregos formais muito pesados na sua regulamentação, no Brasil e em muitos países europeus, e empregos regidos por regras inteiramente novas, estranhas às legislações existentes. E como esses novos empregos *gigs* vinham crescendo muito mais rapidamente que os outros tipos de emprego, já se estimava que um novo equilíbrio ia ser alcançado, no qual essa nova modalidade de vínculo chegaria, possivelmente, a 1/3 ou mais do mercado de trabalho (as estimativas variam).[116]

É claro que, no quadro de desemprego criado pela pandemia, não faz nenhum sentido atacar um segmento desse tamanho do mercado de trabalho e que se situa exatamente na fronteira entre os empregos ultraformais do passado e o desemprego. O assunto da desumanidade do emprego *gig* saiu de moda muito rapidamente, quando ficou claro que a alternativa era o desalento, mas certamente não vai desaparecer. O debate vai prosseguir. Os *gigs* podem ter que se organizar em sindicatos e se ver diante de ritos laborais próprios de outros tipos de empregos, como os do século anterior, o que os colocará em risco, bem como a própria existência desse novo modelo de negócio. Um novo contrato social precisa ser adotado a fim de acomodar a nova economia do compartilhamento, em vista de condições econômicas mais difíceis.

Parecia que o ministro Paulo Guedes ia investir mais pesadamente no assunto da rigidez da legislação trabalhista criando um mecanismo amplo de contratação flexível, a "carteira verde e amarela", mas as ambições ficaram menores e a linguagem ficou restrita a um programa específico para novos entrantes no mercado de trabalho. Ao menos por ora. O fato é que a reforma trabalhista, ou a tendência na direção de regimes mais flexíveis de contratação, parece experimentar uma pausa diante de um quadro preocupante de desemprego, combinado com as tensões trazidas, previamente à pandemia, pelo crescimento da economia *gig*.

Entretanto, fatores locais, associados à crise, e exemplos internacionais confluíram para que o país iniciasse um novo e ambicioso capítulo da reforma trabalhista.

Esse novo capítulo teve um início conturbado, com a

MP 927, de 22/03/2020, que levantou muitas objeções e provocou muita contrariedade, como expressa, por exemplo, um parecer da OAB[117] afirmando que o novo mecanismo ia produzir "efeitos brutais que violam garantias mínimas que a Constituição brasileira assegura aos trabalhadores, sobretudo com prejuízos severos à renda dos trabalhadores e à sua integridade física", e também que, além disso, trilhava "caminhos opostos ao adotado por países europeus", exatamente o contrário do que se passava, eis que os pareceristas da OAB não estavam informados sobre o que estava acontecendo na Europa.

A MP 927/20 teve uma versão consideravelmente mais aperfeiçoada na MP 936, de 01/05/2020, acoplando um mecanismo de redução de salário e de jornada a um programa de transferência direta, o Programa Emergencial de Manutenção do Emprego e da Renda, como foi chamado, a favor dos trabalhadores envolvidos em acordos feitos de forma descentralizada e sem a interveniência de sindicatos.[118]

A medida instituía mecanismo muito semelhante ao que foi adotado na Alemanha, com muito sucesso, e acabou se disseminando por bom motivo em diversos outros países europeus com legislações trabalhistas rígidas. *Kurzarbeit* é como esse mecanismo é conhecido na Alemanha, onde o contrato de trabalho é suspenso, mas sobreposto a este se inicia um vínculo temporário para o qual o governo paga uma parcela substancial do novo salário.[119] O esquema também foi adotado na França, referido como *chômage partiel*, e em ambos os casos teve uma adesão "imediata e espetacular",[120] com características semelhantes às do mecanismo da MP 936, já convertida na Lei n. 14.020/2020.

Há estimativas que colocam cerca de 20% do total dos empregos nos maiores países europeus em esquemas assemelhados ao *kurzarbeit*, o que permite a conjectura segundo a qual os regimes trabalhistas mais flexíveis são os mais apropriados para as crises. Com efeito, o mecanismo do *kurzarbeit*, foi criado na Alemanha para o enfrentamento da crise de 2008, e com muito sucesso em minorar os efeitos da crise sobre o emprego. Daí sua generalização em diversos países europeus.

A Lei n. 14.020/2020 permitiu que empresas e trabalhadores negociassem livremente reduções de salário e de jornada, com o governo pagando parte da conta, assim acoplando ao acordo um programa de transferência, graças ao qual exatos 20.119.864 empregos teriam sido preservados, segundo a contagem feita pelo *hotsite* do Ministério da Economia, onde são registrados os acordos feitos.[121] Não há dúvida de que temos aqui uma experiência bem-sucedida de reforma trabalhista, alterando dogmas da CLT, muito semelhante ao que se observa ao redor do mundo.[122]

Inicialmente, o mecanismo funcionaria por poucos meses apenas, mas seu prazo foi estendido, diante do sucesso do esquema, de tal sorte que o tema que se coloca é sua transformação em um mecanismo permanente, e seu relacionamento com outros programas no mesmo tema, como o próprio Seguro Desemprego. O tema da reforma trabalhista continuará na ordem do dia ainda por muitos anos.

5.2. As empresas *zumbi*

O conceito não é novo, os primeiros registros confiáveis do fenômeno, em tempos recentes, vêm do Japão, nos anos 1980, quando o sistema bancário se viu tomado pelo problema: eram muitos empréstimos para empresas insolventes, sem perspectiva, nem patrimônio, mas sem cobrança, nem reconhecimento de perda. Empresas e bancos *zumbi* em conluio seguiram manquitolando durante anos a fio, às vezes ajudadas por artificialismos governamentais – subsídios, proteções e facilidades regulatórias –, que serviram para prolongar a agonia e piorar o desfecho.[123]

A crise japonesa acabou sendo das piores que se tem notícia neste planeta.

O primeiro desafio para quem estuda o fenômeno é o de definir um *zumbi*, assunto bem menos simples do que parece, pois é como responder a uma pergunta difícil, e típica, referente a empresas com problemas: é liquidez ou solvência? O problema é temporário, um passo em falso, ou é doença sem cura? Como avaliar a extensão do problema e a probabilidade de cura?

Como não existem respostas muito operacionais para essas perguntas, é muito difícil fazer programas governamentais ditos "seletivos", isto é, com critérios muito sólidos de acesso ao benefício. O problema é clássico para bancos centrais: a quem você dá a mão em uma crise?

Na verdade, quando a concessão do auxílio é a real diferença entre a vida e a morte, o "enquadramento no benefício", para usar uma linguagem própria de Brasília, é tudo. Como então definir os critérios para as empresas elegíveis, ou seja, as que vão sobreviver, quando a sobrevivência depende do enquadramento? O que vem primeiro?

Uma sabedoria que remonta a Walter Bagehot, consagrada em seu clássico *Lombard Street*, de 1873, a bíblia do mercado financeiro londrino em seu tempo, aconselha aos bancos centrais que, para as empresas solventes, num ambiente de pânico, deve-se emprestar sem limitação, a uma taxa punitiva e sobre um bom colateral. Para as insolventes, um abraço.

É fácil responder na teoria, portanto: vamos ajudar quem está do lado de cá da arrebentação e sabe nadar. Mas como saber onde está a arrebentação, e quem sabe nadar, sobretudo tendo em vista a máxima pela qual dependendo do motor até tijolo voa?

Bem, os zumbis são criaturas surgidas dessas dúvidas.

Mas do que se trata exatamente?

Não é verdade que a condição de morto-vivo tenha a ver com um vírus; Hollywood chegou a explorar essa possibilidade em diversas produções, mas, no tocante a empresas, o assunto é mais complexo. Há vários tipos de *zumbi*, vamos tratar das duas manifestações mais comuns e de como se pode identificá-las.

No "exame básico", a primeira pergunta é se a empresa está ativa. A segunda procura verificar se a empresa possui um endividamento (com bancos e com o fisco, os dois grandes credores) irrazoável, revelado, por exemplo, por uma geração de caixa persistentemente inferior ao serviço da dívida (conforme aferido por uma "média móvel", digamos).

É claro que muitas outras métricas de má saúde financeira podem ser utilizadas para o mesmo fim, mas o uso em testagens precisa ser fácil e rápido, sobretudo para ser aplicado em larga escala, sem que seja necessário contar uma longa história para cada caso. Ou ficar na dependência do julgamento discricionário de um burocrata talvez mal-intencionado.

Observando a trajetória de 32 mil empresas listadas em 14 países da OCDE entre 1980 e 2017, por exemplo, um estudo de pesquisadores do BIS (Bank of International Settlements ou Banco de Compensações Internacionais) encontrou[124] enormes quantidades de *zumbis*, mas observou diversas regularidades interessantes: muitas dessas empresas ficaram *curadas* (em cerca de 60% dos casos), houve alguma reinfecção, a taxa de fatalidade se mostrou estável em cerca de 25%. O estudo também revela que as empresas *zumbi*, em média, são menores (embora existam algumas bem grandes), menos rentáveis e de produtividade muito inferior, quando comparadas às outras.

Diante desses achados, alguns dos governos do Hemisfério Norte começaram a estudar formas de diminuir o tamanho dessa população, preferencialmente por meio da saída ordenada e mesmo incentivada do mercado,[125] um caminho que pode ser mais barato e mais fácil do que a busca de um tratamento para todos. A tese era que a proliferação de *zumbis* deprimia a produtividade e diminuía o produto potencial, e que era preciso remover obstáculos artificiais ao processo de destruição criadora, o *modus operandi* básico de uma economia dinâmica, e que não pode ser detido, mais ou menos como a natureza não pode funcionar direito sem Charles Darwin.[126] O problema segue sendo o do desemprego resultante das empresas que fecham e das profissões que desaparecem. É o problema do trocador do ônibus, dos ascensoristas e datilógrafos, dos fabricantes de lampiões e das lojas que alugam DVDs. É inevitável, mas dolorido. Como tratar?

O problema é bem menos sério nas empresas *zumbi* do tipo B, empresas inativas que já não empregam mais ninguém e seus donos querem fechá-las, mas não conseguem. A triste realidade num país de capitalismo pela metade, todavia, é que fechar uma empresa pode ser um enorme pesadelo.

No nosso pequeno mundo patrimonialista, abrir como fechar uma empresa é sempre uma graça concedida pelo governo. Uma dádiva do Imperador, um alvará para começar e uma anistia para fechar, esse o destino de quase todos os que se aventuram a empreender, desde Mauá.

Na hora de fechar, sempre será possível argumentar que o sujeito ficou devendo ao fisco ou aos trabalhadores, de modo que o encerramento funcionará como uma indulgência, ou como perdão pelos seus pecados, que sempre serão amplificados bem além do que o bom senso poderia presumir.

Uma pesquisa da Endeavor de 2016 estimou que algo em torno de 18% de todos os CNPJs no país eram de empresas sem atividade, cuja existência como "mortas-vivas" tinha custos para seus acionistas e para a sociedade.[127] Basta lembrar a estatística do Banco Mundial segundo a qual uma empresa média no Brasil gasta um tempo gigantesco para cumprir suas obrigações tributárias (1.500 horas por ano, o que nos coloca na posição 184ª entre 189 países — dados de 2019), muitas das quais subsistem quando a empresa passa à condição de inativa.

Pois então, agora imagine que cerca de uma em cada cinco empresas no país não tem outra atividade a não ser cumprir essas obrigações. Estamos falando de algo próximo a 4 milhões de CNPJs, uma Zumbilândia.

Para não ficar parecendo que é apenas burocracia, manobra-se as regras, sobretudo tributárias e trabalhistas, para que todo mundo tenha pendências. Quanto mais complexos os regulamentos, maior a probabilidade de um pequeno erro, um esquecimento, um lapso, a partir do qual a empresa fica infectada. É claro que a maior parte das pendências não têm nenhum fundamento, mas, ainda assim, com alguma probabilidade, e independentemente do mérito, podem se tornar cobranças desproporcionais e agressivas que incidem de forma discricionária e imprevisível, inclusive com penhoras *on-line* amiúde atingindo minoritários, conselheiros e passantes.

O sistema parece construído para punir quem empreende, algo que parece vir de muito longe em nossa história.

Em tese, a responsabilidade do empreendedor deveria estar limitada ao capital que mobilizou para a empresa, esse é o princípio da responsabilidade limitada que em muitos países é uma espécie de cláusula pétrea da atividade empresarial. Mas não aqui.

Prevalece no Brasil uma cultura de "desconsideração da empresa", como se a "pessoa jurídica" fosse apenas um "véu protetor" para malandros dedicados a praticar "abusos". A remoção da limitação de responsabilidade deveria ser uma rara exceção e não uma prática tão comum que se torna a regra,[128] sendo certo que a desconsideração de personalidade jurídica tem sido utilizada de forma abusiva com demasiada frequência.[129] É triste acompanhar as etapas do processo pelo qual essa revolução ocorreu, espera-se apenas que possa ser revertida,[130] ao menos em parte.

Quem vai querer empreender num país onde criar uma

empresa é uma espécie de "abuso de forma", para começar, e, mais incompreensível ainda, para quem vai reincidir? Como negar fundamento a quem reage negativamente a incentivos governamentais ao empreendedorismo, frequentemente comparados à iniciativa de um traficante que fornece as primeiras doses de forma gratuita?

Como só é possível fechar uma empresa se a pessoa física assumir, sem limitação, todas as contingências da empresa, inclusive os passivos tributários e trabalhistas imaginários, é sempre melhor deixar as tentativas fracassadas de empreender eternamente vagando no limbo dos "mortos-vivos". Fica sendo parte do "custo Brasil", um de diversos aspectos desagradáveis do "ambiente de negócios" no país.

5.3. O futuro do dinheiro

O futuro do dinheiro parece repleto de promessas e possibilidades.

O Brasil está bem posicionado nessa viagem, no início de uma experiência ampla, com o Pix, um arranjo para pagamentos instantâneos concebido tempos atrás, mas que foi adquirindo novos sentidos à medida que a construção foi avançando.

Podemos nos juntar à China na fronteira tecnológica dos pagamentos no varejo, embora com uma organização um tanto diferente: estatal no Brasil, privada na China. Um *case* maravilhoso que ilustra essas duas variedades de capitalismo, ambas muito diferentes do que aparentam ser.

O Brasil escolheu conscientemente divergir da fórmula chinesa para a provisão de pagamentos no varejo baseada num duopólio privado. O BCB e o CADE (Conselho Administrativo de Defesa Econômica) bem sabem como funciona um duopólio privado, e certamente esse conhecimento, e os ressentimentos associados à experiência no mercado de adquirência, foi instrumental para a decisão do BCB de se tornar o patrocinador e instituidor *de facto e de jure*[131] do novo arranjo.

Há questões difíceis nessa decisão sobre a real extensão do "papel do Estado" no sistema de pagamentos, um terreno cheio de externalidades e de assuntos concorrenciais mal resolvidos. Deve o regulador da moeda, o BCB, "fazer acontecer" ou "desenvolver" certas atividades, ou limitar-se a arbitrar as encrencas e os abusos das empresas privadas e afastar-se de tomar iniciativas?

O projeto Pix proporcionou uma moldura particularmente apropriada para uma decisão pragmática, que talvez se torne paradigmática. Tendo em vista o caso concreto, qual seria a melhor estrutura de propriedade e conjunto de regras de acesso e governança para uma infraestrutura essencial como o Pix? Quem deveria ser o instituidor do novo arranjo, para usar a linguagem da Lei n. 12.865/13, e como deveria ser governado?

Não são perguntas fáceis e as respostas têm sido oferecidas pela prática.

O Pix é como se fosse uma grande "bandeira", um mega-arranjo montado para o débito, atravessando instituições de pagamento e bancos, com isso reconfigurando, ou continuando a reconfigurar, a concorrência no sistema financeiro e de pagamentos. Estariam o BCB e o CADE se excedendo em seus papéis sobrepostos de promover a concorrência? Existe, de fato, esse problema de se exceder numa causa boa?

O fato é que o BCB é o instituidor do Pix, portanto, está combinando papéis de regulador e empreendedor no que tem sido descrito como o fornecimento de uma infraestrutura que o setor privado não seria capaz de construir na velocidade necessária e do jeito certo. O regulador leva sua tarefa tão a sério, que toma para si a tarefa de empreender, ou de fazer acontecer o que o setor privado provavelmente faria, mas com enormes desafios para o mundo regulatório.

Curiosamente, o movimento do BCB não levantou

nenhum sobressalto em um governo que, ao menos no nível da retórica de suas autoridades econômicas, se define como fortemente comprometido com a privatização e com o livre mercado, nem mesmo quando, usando poderes regulatórios, bloqueou a associação entre WhatsApp, Visa e Mastercard para prover serviço concorrente ao Pix.

Com efeito, a experiência da pandemia traria desafios inesperados para o processo até então cadenciado de digitalização da moeda no Brasil. Não há dúvida de que os auxílios emergenciais irromperam como desafios tecnológicos, institucionais e logísticos, e os esforços para se alcançar os "invisíveis", como habitualmente descritos o que se quis alcançar com os auxílios, resultaram em um aumento espetacular da digitalização do dinheiro no Brasil. A CEF criou o seu próprio "banco digital", a fim de distribuir o auxílio com rapidez para dezenas de milhões de brasileiros como um crédito em um aplicativo, a conta de pagamentos da CEF. Era a Poupança Social Digital Caixa, hospedada no aplicativo Caixa Tem, que vinha com um pacote de tarifas assemelhado ao das contas-salário e remuneração de acordo com a da caderneta de poupança.

É claro que a inovação acelerou o relógio, mas com alguns problemas de *timing*, sobretudo em razão da urgência da efetivação das transferências emergenciais e pelo fato de o Pix estar programado apenas para novembro de 2020.

Dezenas de milhões de brasileiros receberam os seus auxílios no aplicativo da CEF, cuja funcionalidade para pagamentos era baixa. Era difícil usar o dinheiro. Os beneficiários, em resposta, voltaram-se para a conversão do crédito digital em espécie, ou seja, em papel-moeda, tal como se tivessem optado por exercer a conversibilidade no lastro, o dinheiro em espécie guardado pelo BCB em algum lugar. O predomínio do dinheiro em espécie para as transações em pequeno valor no Brasil havia sido solidamente comprovado por uma pesquisa do BCB de 2018.[132] Em 2020, nada havia mudado, e o pagamento dos auxílios emergenciais resultou em expressivo aumento na demanda por numerário e também significativo aumento da parcela entesourada, assustando as autoridades com a perspectiva de clientes não serem atendidos nas agências ao tentarem converter seu dinheiro digital em dinheiro de papel.

Antes mesmo de se tornar predominante no Brasil, o dinheiro digital já experimentava sua primeira (ameaça de) corrida.

A resposta das autoridades para esse desafio, a emissão de uma nova cédula de R$ 200,00, bem ilustra o estado de transição em que o país ainda se encontra no tocante à digitalização do dinheiro. Foram muitas objeções à nova cédula, começando pelo desenho dela.[133] Bem mais importante, todavia, era o fato de que o problema era mormente de troco, e da facilitação do uso dos recursos do auxílio por parte de quem o recebia. Uma cédula de R$ 200,00 podia ser tão difícil de usar quanto um dinheiro digital armazenado de um jeito que o usuário não tinha como gastar. A solução podia eximir o BCB do problema de falhar no seu dever de prover meio circulante, mas não facilitava a vida do usuário.

Entretanto, a burocracia está se lixando para o usuário. O problema afinal resolvido era o risco de a burocracia não cumprir o seu dever de fornecer meio circulante para as pessoas. A burocracia resolveu seu problema, mas não o do usuário.

Outra objeção importante era referente à tendência internacional de desmonetizar as cédulas de grandes denominações, usadas principalmente no crime, e que, no Brasil, já tinha resultado em diálogos do BCB com entidades da sociedade civil para cessar a fabricação da cédula de R$ 100,00.

Em meados de 2020, contudo, as urgências criadas pela pandemia falaram mais alto. Na apresentação da decisão sobre a nova cédula, o BCB lembrava que, ao câmbio de R$ 5,50, as cédulas de R$ 200,00 e de R$ 100,00 valiam pouco em dólares (US$ 36,36 e US$ 18,18, respectivamente), o que, em tese, faria essas notas menos convenientes para o uso por criminosos.

O uso de cédulas de grandes denominações pelo crime, com vistas à lavagem de dinheiro, vinha sendo discutido em muitos países. Há muito debate referente a esse tópico, por exemplo, com respeito à cédula de US$ 100. Segundo estatísticas do FED (o banco central americano), há em circulação nos Estados Unidos uma quantidade de papel-moeda correspondente a algo como US$ 4.200 *per capita*, sendo que 78% desse valor seria mantido em cédulas de cem dólares. Parecia exótico que cada residente nos EUA carregasse tanto dinheiro em espécie e em especial tantas notas desse valor. A conclusão foi que essas cédulas devem estar concentradas no mundo da informalidade, ou do crime, e/ou fora dos EUA.[134]

Esses achados impulsionaram esforços em todo o mundo para sumir com as notas de grandes denominações.

O panorama era parecido na Europa, onde existem cédulas de € 500, € 200 e € 100, sendo que uma pesquisa do BCE mostrava que 56% da amostra de pessoas consultadas nunca tinha visto a cédula de € 500, apelidada, significativamente, de "bin Laden", e que deixou de ser fabricada em 2019 (mas não foi recolhida ou desmonetizada).

Nota falecida: A cédula de € 500, apelidada de "bin Laden", deixou de ser fabricada em abril de 2019, mas permanece com curso legal.

Juntas, as cédulas de € 500, € 200 e € 100 ainda representam pouco menos da metade do valor do dinheiro em circulação na Europa, situação que poderá perdurar vários anos a julgar pelo que se passou com a cédula de CND$ 1.000 (dólares canadenses), de fabricação interrompida em 2000, mas até hoje encontrada no E-Bay e, sobretudo, em apreensões de dinheiro de criminosos.

No Brasil, para começar, observa-se fenômeno semelhante ao que se tem nos EUA, isto é, as pessoas comuns parecem não utilizar as cédulas grandes que, não obstante, estão circulando em grandes quantidades. Tomando julho de 2019 como base, o papel-moeda em circulação valia

R$ 231 bilhões e a população era de 210,1 milhões. Portanto, teríamos algo como R$ 1.098,7 *per capita* (incluindo crianças) em cédulas, sendo que cerca de metade seria em notas de R$ 100,00 (cerca de 90% em cédulas de R$ 50,00 e R$ 100,00), ou seja, muito parecido com os EUA. As cédulas maiores pareciam mais comuns nas apreensões feitas pelas autoridades policiais do que no cotidiano do cidadão.

Na maior apreensão de dinheiro em espécie já feita pela Polícia Federal, foram encontrados 51 milhões em notas de R$ 100,00 e R$ 50,00.

O Brasil também deveria estar pensando em parar de fabricar a nota de R$ 100,00.[135] Em vez disso, todavia, apareceu a ideia da nota de R$ 200,00, com muitos protestos vindos de entidades da sociedade civil, e mesmo uma ADCP (Arguição de Descumprimento de Preceito Fundamental) proposta por alguns partidos políticos junto ao STF pedindo a suspensão cautelar da circulação da nova cédula. A ministra Carmen Lúcia, relatora da matéria, deu 48 horas ao BCB para apresentar suas "informações preliminares" sobre o assunto, manifestadas em um longo parecer,[136] que foi bem-sucedido em convencer a ministra a não conceder a medida cautelar. No parecer, o BCB trazia uma estimativa para as demandas adicionais de numerário da ordem de R$ 105 bilhões, afirmava que a emissão das novas cédulas era "a única solução técnica possível para a situação emergencial que se apresentava", mesmo não sendo "a ideal", e concluía que a "medida liminar pleiteada neste caso acarretaria um sério prejuízo para a execução dos serviços de meio circulante". O BCB ganhou a disputa e a nova cédula entrou em circulação no começo de setembro.

Não houve sobressalto na execução dos serviços de meio circulante, tal como prometeu a Autoridade Monetária, mas em meados de outubro várias cédulas de R$ 200,00 foram encontradas com o senador Chico Rodrigues (DEM-RR), por ocasião de operação de busca e apreensão em sua residência, onde o parlamentar foi apanhado com maços de dinheiro em espécie ocultos em sua cueca, uma imagem marcante como ilustração das complexidades em se repensar o dinheiro.

A Índia foi o primeiro país a empreender um programa para atacar a "economia informal" desmonetizando as notas maiores de seu padrão monetário, a rúpia. Entretanto, o fez de forma agressiva, produzindo um gigantesco choque monetário, criando uma dinâmica de digitalização sob *stress*, uma prévia do que a pandemia traria para muitos outros países.

Em 8 de novembro de 2016, sem aviso prévio, o governo anunciou que as cédulas de 500 e de 1.000 rúpias (equivalentes a US$ 8 e US$ 16 aproximadamente, no momento do anúncio da reforma) deixariam de ter curso legal, havendo certo prazo para a troca por outras cédulas (dentro de limites) e para depósito em bancos. Entretanto, a reforma monetária indiana foi bem além de simplesmente substituir as notas de grandes denominações, inclusive porque introduziu uma nova cédula de 2.000 rúpias, antes inexistente, e teve um claro intuito de tributar o que designou como *black money*. Para tanto, todavia, teve que tributar, no momento da troca, todo o dinheiro em espécie que não estivesse depositado em bancos ou alocado em cartões pré-pagos (assim se tornando moeda digital), ou fora dos limites para troca por novas cédulas. O esquema, afinal, se parecia muito com o nosso Plano Collor, inclusive nas reações desfavoráveis.[137]

Será difícil acabar com a predominância do papel-moeda nas transações de pequeno valor, é uma tecnologia antiga, mas muito firmemente enraizada. É certo que na Índia há evidência de que a escassez de meio circulante fez avançar bastante a digitalização do dinheiro,[138] mas o BCB, em seu parecer para a ministra Carmen Lúcia, afirmou que "não teria sentido o BCB constranger o cidadão a usar os meios eletrônicos de pagamento mediante a redução do valor nominal das cédulas, no afã de tornar inconveniente o uso da moeda física".

Capítulo 6
A abertura

De todas as reformas que o país vem discutindo nos últimos anos, com as tranqueiras que se conhece, a mais transcendente e, talvez por isso mesmo, a que registrou menos avanços, é a da abertura. O isolacionismo e o protecionismo são vícios antigos, e muito parecidos com a inflação, sobretudo no modo como tantas forças poderosas se organizam para defendê-la sem que ninguém apareça na fotografia.

Quem deriva benefícios dessas criaturas sempre prefere defender o *status quo* com discrição, no escurinho do cinema. O sujeito que é amigo da família Corleone não quer brigar, mas, em geral, não gosta de aparecer junto com eles nas colunas sociais.

A malandragem brasileira nesse assunto reside em imitar uma tática consagrada dos amigos da inflação: jamais defender abertamente o seu credo, apenas questionar os seus inimigos, oferecer uma crítica amiga às propostas deles, ainda que não necessariamente sensata, a fim de induzi-los a ficar na defesa. Além disso, é fundamental declarar-se sempre um apóstolo da abertura, e das boas causas em geral.

Em razão dessa tática, adotada de forma generalizada pelos potentados do atraso, é difícil encontrar partidários da inflação ou do protecionismo. Não são boas causas. Vamos achar muitos críticos da "estabilização ortodoxa" da "responsabilidade fiscal (austeridade)", bem como da "abertura indiscriminada" e da "obsessão pela competitividade (produtividade)", mas jamais o elogio à inflação ou à fechadura.

Muitos reconhecem, inclusive em cores fortes, que o Brasil é muito fechado, e há muitos enredos para uma "abertura benigna", aquela que é tão lenta que ninguém nota.[139] O enredo conquistou, inclusive, o ministro Paulo Guedes, cuja posição nesse assunto é simples: "o governo é liberal, mas não 'trouxa', e que, por isso, antes da abertura comercial é necessário melhorar as condições de competitividade da produção nacional [...] Não podemos soltar um animal de cativeiro e achar que ele vai competir. Temos de treinar na selva. Tínhamos de fazer uma abertura gradual, mas segura e inexorável."[140] Claro que há muito pragmatismo nessa opção, e que a abertura foi sacrificada em favor de outras pautas. Há um claro viés "aberturista" na equipe de Guedes, sobretudo em comparação com a época de Dilma Rousseff. Existe "uma tentativa de dar uma racionalidade" – como descreve Sandra Rios,[141] especialista renomada – e um esforço evidente de evitar retrocessos. Mas não houve abertura, nem progressos relevantes, nessa direção nos últimos anos. Houve menos ações antidumping,[142] mas a determinação do presidente para o ministro Guedes em 2019, de reverter o cancelamento de medidas contra o leite em pó importado da Nova Zelândia, deixou uma má impressão. Na mesma linha, foi assinado um acordo comercial entre Mercosul e a União Europeia, depois de muitos anos de negociação, mas, infelizmente, o assunto travou na homologação e não tem horizonte de solução. Fora isso, nada a reportar nessa frente.

Em razão da malandragem acima identificada, resta claro que o protecionismo brasileiro, como o inflacionismo, foi um tanto além de Samuel Johnson, o autor do célebre comentário segundo o qual o patriotismo é o último refúgio do canalha. Johnson pensava no indivíduo capaz de falsificar a identificação entre seus interesses pessoais e os da nação. Não deve haver dúvida que todos os protecionismos têm essa característica. O que distingue a cepa brasileira, contudo, é o drible acima descrito, ou seja, a fórmula particularmente hipócrita e insidiosa de ludibriar o debate sobre os males que a fechadura faz ao Brasil através da crítica recorrente ao *ritmo* da abertura.

O isolacionismo é uma política econômica fracassada e uma estratégia que faz mal ao país. Se o protecionista/protegido deriva vantagem desse estado de coisas, ele pertence à região B_I do diagrama mostrado no Capítulo 2, numa referência às leis da estupidez de Carlo Cipolla, que reúne os bandidos ou corruptos como tonalidades de inteligência, ou socialmente úteis, como descrito lá.[143]

O fato é que, dessa maneira, o Brasil tem insistido em autossuficiência e substituição de importações mais até do que em choques heterodoxos. Com resultados parecidos. É claro que isso não pode funcionar indefinidamente, pois nem mesmo no Brasil essas coisas podem durar para sempre. Também era difícil de se imaginar Brasília sem a inflação, que era um meio de vida para muita gente poderosa, exatamente como se passa com o protecionismo e com a política industrial. Contudo, mais dia menos dia, o Brasil vai deixar de ser uma economia fechada. Só é preciso que as estrelas se alinhem.

Este capítulo tem quatro seções.

Na primeira, trata-se de documentar o óbvio: o grau

de abertura do Brasil é pateticamente minúsculo há muitos anos, e nosso desempenho econômico é muito inferior ao de outros países mais abertos. Fomos deixados para trás pela Ásia Emergente, de forma impiedosa, e corremos esse mesmo risco em relação à "América Latina Pacífica", como será demonstrado.

Na segunda seção, discute-se a conexão entre a abertura e a empresa multinacional, graças à qual o Brasil não ficou totalmente imune aos ventos da globalização. Por curioso que pareça, a empresa multinacional sempre foi "protagonista" (uso aqui, de propósito, esse vocábulo detestável) de estratégias de industrialização ditas nacionalistas, mesmo sendo, por definição, estrangeira. Entretanto, isso faria enorme diferença no decorrer do tempo, como se mostra.

Na terceira seção, explora-se o contraste entre o Brasil aberto, aquele que possui laços com a globalização, e o Brasil fechado, que todos conhecemos, conforme ficou claro depois que o BCB passou a publicar os dados para o Censo do Capital Estrangeiro no Brasil. Só é possível especular sobre o que se passa quando recursos se movem do setor arcaico para o moderno, uma dinâmica muito antiga, típica dos modelos estruturalistas de desenvolvimento econômico, da época em que a agricultura era o setor arcaico e a indústria, o moderno. Era um tempo muito antigo mesmo.

A última seção trata de protecionismo como esporte nacional e os prognósticos da globalização no mundo pós-pandemia.

6.1. Nosso minúsculo grau de abertura

O grau de abertura da economia brasileira, medido pela soma de exportações e importações (a chamada corrente de comércio) como proporção do PIB, era 12,62% em 1960, como pode ser visto na Tabela 3, intermediário entre China e Coreia do Sul, 7,69% e 17,36%, respectivamente. Nesse momento, a Coreia já procurava se abrir e a China, se fechar. Nos vinte anos que se seguiram, a Coreia fez uma incrível transição: seu grau de abertura cresceu para 32,56% em 1970 e para 65,53% em 1980. O vento ajudou: a média mundial foi de 27,3% para 38,72% nesses anos. O Brasil avançou nesse período (de 1960 para 1980) de 12,62% para 20,36%, o que equivale a 2/3 da variação observada no grau de abertura do Brasil nos 57 anos cobertos pela tabela.

A Coreia chegou a 91,4% em 2010, quando o grau de abertura no planeta Terra seguiu crescendo até 57,03%. Já no planeta Brasil, de 1980 a 2010, registrou-se uma pequena variação no grau de abertura, que foi de 20,36% para 22,77%, certamente desproporcional aos gritos e reclamações de que a "abertura de 1990"[144] teria sido rápida, dolorosa e profunda demais. A abertura parece mais nítida, na Tabela 3, ainda que modesta para os padrões asiáticos, de 1990 a 2000, parecendo, todavia, uma mera reversão do fechamento observado de 1980 a 1990. Em 2017, nosso grau de abertura foi 24,33%, enquanto a média mundial era mais que o dobro: 51,9%.

Tabela 3: **Grau de abertura e renda *per capita*: Brasil, Coreia do Sul e China em comparação com o resto do mundo e com os EUA, 1960-2017**

ABERTURA: FLUXO DE COMÉRCIO COMO % DO PIB							
País	1960	1970	1980	1990	2000	2010	2017
China	7,69%	4,95%	12,42%	24,27%	39,41%	50,72%	37,63%
Brasil	12,62%	14,48%	20,36%	15,16%	22,64%	22,77%	24,33%
Coreia do Sul	17,36%	32,56%	65,53%	50,75%	66,10%	91,40%	77,12%
Mundo	n.d.	27,30%	38,72%	38,83%	51,02%	57,03%	57,89%

RENDA PER CAPITA COMO % DA RENDA PER CAPITA DOS EUA							
País	1960	1970	1980	1990	2000	2010	2017
China	2,98%	2,16%	1,55%	1,33%	2,64%	9,39%	14,78%
Brasil	6,99%	8,50%	15,49%	12,98%	10,32%	23,29%	16,53%
Coreia do Sul	5,26%	5,34%	13,64%	27,67%	33,73%	47,63%	52,64%
memo							
EUA (US$ de 2017)	3.007	5.234	12.575	23.889	36.335	48.468	60.062

Fonte: dados primários do Banco Mundial, indicadores de desenvolvimento mundial. Cálculos do autor.

Depois de 57 anos vibrantes de globalização, portanto, quando o mundo foi sacudido por investimentos internacionais de muitas variedades, multinacionais, cadeias globais de valor e todo o tipo de modelo de negócio, tornando a indústria um fenômeno essencialmente internacional, o Brasil continuou estacionado exatamente na última colocação em matéria de abertura,[145] insistindo em "reduzir a dependência externa" e meio desenganado com o argumento de que países continentais como os EUA e o Japão (!?) costumam ser fechados, como o planeta Terra (pois não existe comércio interplanetário), ressalvada a China.

A Coreia tinha uma renda *per capita* 25% menor que a do Brasil em 1960, mas em 1980 a distância já era muito pequena, pois ambos os países estavam próximos de 15% da renda *per capita* dos Estados Unidos. Em 1990 a renda *per capita* da Coreia do Sul já era mais que o dobro da do Brasil. Em 2017, a Coreia chegou a 52,64% da renda *per capita* americana, enquanto o Brasil chegou a 16,53%.[146]

A Coreia nos ultrapassou de forma acachapante. Uma surra. Todas as críticas que foram feitas a seu modelo globalizante de promoção de exportações ficaram prejudicadas, bem como as nossas esfarrapadas justificativas para a substituição de importações e para o ideal de autossuficiência. Simplesmente perdemos a parada. Fizemos a opção errada.

A opção pela abertura, segundo se dizia, não estava disponível para os países grandes. Esqueceram de avisar aos chineses. Em 1960, eles eram mais fechados do que o Brasil, e em 1970 se aproximaram da autarquia ao chegar a 4,95% de abertura, quando o Brasil se abriu um pouquinho (foi para 14,48%). Mas o tal "socialismo de mercado" inventado por Deng Xiaoping, na verdade um hipercapitalismo, mudou radicalmente a estratégia deles em relação à abertura e os levou para um grau de abertura de 24,27% já em 1980, e daí, na mesma toada, a 50,72%, em 2010.

Mas não é preciso atravessar o mundo para encontrar comparações desfavoráveis para o Brasil. A América Latina também nos ensina algumas lições amargas.

A Tabela 4 mostra o continente latino-americano, excetuado o Brasil, e alguns países menores, dividido em dois grupos, Atlânticos e Pacíficos, cada qual com sua fé e seu modelo. Venezuela, Argentina, Equador e Bolívia formam o grupo bolivariano, enquanto a república neoliberal pró-globalização é formada por Chile, Peru, Colômbia e México. As convicções dos membros de cada grupo podem sempre ser questionadas, mas vamos ver até onde o exercício nos leva. A tabela compara o desempenho dessas duas grandes repúblicas federativas com o Brasil, um indeciso convicto, paralisado por impasses. Como referência, ou como uma espécie de grupo de controle, a tabela também mostra um grupo de países emergentes asiáticos com semelhanças econômicas com os latinos, e cujo "tamanho" (em conjunto) é da mesma ordem de grandeza.

Esses grupos possuem um "tamanho" semelhante, quando medido pelo PIB de 2011: a República Atlântica teria um PIB de 852 bilhões de dólares correntes de 2011, cujas contribuições seriam de 52,3% para a Argentina, 37,1% para a Venezuela, 7,7% para o Equador e 2,8% para a Bolívia. O PIB dos pacíficos seria de 1.912 bilhões de dólares de 2011, para o qual a contribuição do México seria de 60,3%, do Chile de 13,0%, da Colômbia de 17,4% e do Peru de 9,3%. O PIB do grupo asiático seria de 1.748 bilhões de dólares de 2011, 63,7% da Coreia, 16,5% da Malásia e 19,8% da Tailândia.

O PIB do Brasil em 2011, medido em dólares, está entre 2,2 e 2,5 trilhões de dólares, dependendo da conta, o que faria crer que o Brasil é bem maior que os outros agrupamentos da Tabela 4, mas boa parte disso se deve às taxas de câmbio usadas para se calcular o PIB em dólares.[147]

A tabela produz cálculos para diversos indicadores econômicos para os anos de 2012-2013 e 2019, conforme indicado, sempre na forma de médias ponderadas para os valores dos países de cada grupo, onde os pesos correspondem ao PIB de cada país como proporção do PIB total do grupo. Assim podemos olhar para cada grupo qual fosse uma única república.

Tabela 4: **América Latina, Repúblicas Atlântica e Pacífica, 2011 e 2019**

	PIB cresc. (%)		Inflação (%)		IDH (*ranking*)		Doing Business (*ranking*)		Risco soberano (CDS %)		Corrupção (posição no *ranking*)	
	1994-2011	2012-19	2011	2012-19	2011	2019	2011	2019	2011	2019	2011	2019
Atlânticos	&*#	-0,32	28,6	64,5	77	88	147	148	18,0	13,2	127	114
Pacíficos	4,36	2,40	2,2	3,5	67	70	42	66	1,2	0,7	67	88
Brasil	3,15	0,07	5,8	5,9	84	84	130	124	1,8	1,0	69	106
Asiáticos	4,70	3,26	1,9	1,4	60	55	11	13	1,0	0,3	55	64

As variáveis são sempre médias anuais para o período correspondente, ou referentes ao ano indicado. Fontes: FMI, ONU, Banco Mundial, Bloomberg, Transparência Internacional e Inflacionverdadera.com.

Vale reparar que os números da República Atlântica têm como fonte o Instituto de Geografia e Estatística de Macondo (Igemac), o que é o mesmo que dizer que há leituras surrealistas do que se passa na economia para alguns períodos, pois alguns números são simplesmente inacreditáveis. Segundo o Igemac, o crescimento médio real do PIB argentino para 2003-2012, por exemplo, foi de 7,2%, um colosso, maior que o da Coreia do Sul, mas menor que a provável trapaça no deflator. O cálculo do crescimento real utiliza os índices oficiais para a inflação, sabidamente manipulados. Medições independentes para a inflação argentina (www.inflacionverdadera.com), como a da Venezuela, por exemplo, mostram números muito diferentes dos oficiais. Puro realismo fantástico. O aspecto é o de um crescimento minúsculo ou mesmo nulo para esses anos mais recentes, o que é consistente com a contração de 0,32% observada para a média de 2012-2019. Por tudo isso, o crescimento da federação bolivariana-peronista para 1994-2012 está designado por "&*#", uma forma algébrica mais precisa de capturar o que ali se passa.

O crescimento médio anual da Federação Pacífica no período de 1994 a 2011 foi de respeitáveis 4,4%, sendo que o Chile avançou 4,7%, o mesmo número da Federação Asiática. Para 2012-2019, a República Pacífica cresceu 2,4%, menos que a Ásia (3,26%), mas, dessa vez, Colômbia (3,12%) e Peru (3,44%) cresceram no ritmo asiático.

O Brasil cresceu 3,15% no período 1994-2011, e perdeu o gás em 2012-2019, como bem sabemos, quando o crescimento foi perto de zero. Vale esboçar um exercício, que pode ser prejudicial à autoestima, e afetar um tanto a ideia do leitor sobre o tamanho do Brasil: se assumimos que o PIB brasileiro (em dólares) é 2,5 vezes o da República Pacífica sem o México (ou seja, a soma de Chile, Peru e Colômbia), e que eles crescem 2,5% ao ano enquanto o Brasil não cresce, levará exatos 38 anos para que o Brasil fique menor que essa república latino-pacífica.

As outras variáveis na tabela são a inflação para os últimos doze meses, o risco soberano (medido pelo prêmio em derivativos de crédito, *swaps* em eventos de *default*) e a colocação em alguns *rankings,* como o IDH (Índice de Desenvolvimento Humano), o *Doing Business* (feito pelo IFC, um braço do Banco Mundial, e de que falamos um bocado no Capítulo 1) e o de corrupção (calculado pela Transparência Internacional).

Não é surpresa que os Atlânticos estejam às voltas com um pesadelo inflacionário que, todavia, nem se consegue aferir direito em estatísticas; os números da tabela parecem modestos para justificar o noticiário que vem desses países. Deve ser o trabalho do Igemac. Os números da tabela para a Argentina e a Venezuela estão muito incompletos e foram coletados em investigações que não tiveram muito sucesso. Talvez fosse melhor trabalhar com o "&*#".

Em outros países, a inflação não é um problema. Houve mais inflação no Brasil que na República Pacífica e na Ásia, mas é tão pouco relativamente ao passado que nem damos muita bola.

Há menos dúvida sobre as estatísticas dos *rankings*, e do risco soberano, todas conduzidas por instituições independentes. Os Atlânticos não têm uma colocação tão ruim no IDH nem mesmo em 2011, graças à Argentina, que ocupa a posição 45 entre 186 países, puxando a média do grupo para 77. São as glórias do passado que vão sendo erodidas bem devagar, eis que a Argentina praticamente não piora em 2019 (mantém-se na posição 46), mas a Venezuela enfrenta um desastre: vai da posição 73 para a 113. O Chile já ultrapassou a Argentina em IDH em 2011 (posição 44), mas a Colômbia puxa a média do grupo para 67. A posição da República Pacífica apenas oscila em 2019.

O Brasil estava pior que as duas repúblicas em IDH em 2011, mas, sem se mover, passou a uma posição intermediária em 2019, em razão da deterioração da posição dos Atlânticos. Os países asiáticos estão em patamar melhor.

Os números para o "ambiente de negócios", ou, mais precisamente, a colocação da República Atlântica no *Doing Business,* são terríveis tanto para 2011 quanto para 2019, em absoluto contraste com o que se passa na República Pacífica, onde houve alguma deterioração nesses anos (da posição 42ª para a 66ª). O Brasil está na patética posição 130 em 2011 e experimenta uma pequena melhora para 2019, onde chegou à posição 124. Novamente, os países asiáticos estão em outro patamar.

Quando se trata de corrupção, segundo o *ranking* divulgado pela Transparência Internacional, a situação está péssima para os Atlânticos (posição 127 entre 176 países em 2011 e ligeiramente melhor em 2019, posição 114), ao passo que os Pacíficos estão na posição 67 (posição 88 em 2019, pior). A posição do Brasil é intermediária e a asiática é melhor, mas não muito.

Para o risco soberano, os números mostram uma situação ruim para os Atlânticos, num patamar bem diferente dos outros grupos, entre os quais o Brasil tem os piores números.

Essas comparações oferecem, em resumo, nada mais que um pano de fundo para a experiência de desenvolvimento econômico do Brasil, em vista de diversos fatores, com destaque para a abertura. Não se deve perder de vista que a abertura é uma espécie de pacote, é a rainha das reformas pró-mercado, e uma opção definidora. É o que faz o país juntar-se aos Pacíficos, em vez de aos Atlânticos: um pequeno milagre geográfico. Quem falou que o Brasil não pode ter comunicação com o Pacífico? Ou que o Chile não pode ficar do tamanho do Brasil?

Entretanto, inerte a tudo isso, o Brasil permanece no mesmo lugar e ergue em torno de si um formidável acervo de impedimentos ao comércio exterior, compreendendo tributos, obstáculos administrativos e regulatórios, requisitos de conteúdo nacional, tudo adocicado por uma retórica de defesa da soberania nacional que atravessa populismos de esquerda e de direita.

E quando tudo parece falhar, sobrevém o apelo utilitário, trazido pelos diplomatas, também por líderes empresariais: é preciso reciprocidade, dizem, não vamos entregar nada de mão beijada. Como se não fosse em nosso benefício. Já tratamos dessa síndrome no Capítulo 1, a propósito da bizarra resistência nacional às melhores práticas internacionais.

6.2. Globalização e empresas multinacionais

A produção industrial vem se tornando um fenômeno cada vez mais internacional, assunto que tem trazido um misto de contrariedade e excitação quanto às suas vastas consequências. Trata-se aqui de um dos capítulos mais intrincados da globalização, tanto que apenas pode ser descrito, infelizmente, com palavras em inglês capazes de embaralhar as falas mais amestradas, além sacudir os brios dos nacionalistas do idioma: *offshoring* e *outsourcing*.

Não há uma tradução para esses termos. Como frequentemente ocorre com novos e complexos processos relativos à economia global, o leitor deve olhar para esses vocábulos como ideogramas, ou talvez deixar-se embriagar pela sua sonoridade, pela associação com coisas referentes à alta tecnologia que a gente finge saber do que se trata, mais ou menos. Talvez um dia entrem para o vernáculo, como o abajur, o bonde e a manicure. Concretamente, trata-se de processos pelos quais a produção industrial se desagrega em etapas que vão sendo implantadas ou transferidas para diversos países, conforme a vantagem locacional, e de sorte a reduzir a exposição a variações cambiais e otimizar a cadeia, ou, mais propriamente, a rede internacional de geração de valor.

A história desses processos tem muito a ver com outro fenômeno que outrora pareceu incompreensível e ameaçador: a empresa multinacional.

Nos anos 1950 e 1960, as grandes empresas, sobretudo americanas, começaram a abrir filiais no exterior, na maioria dos casos apenas para "pular" barreiras protecionistas que tornavam inacessíveis suas clientelas em outros países e, simultaneamente, lhes atender os desejos de "substituição de importações", ou de "produção local" de produtos de alta demanda. Foi a história da indústria automobilística no Brasil e de tantas ondas de substituição de importações que o país se acostumou a enxergar como parte indissociável do projeto redentor de industrialização, um pressuposto de soberania nacional, apenas cabendo notar para o detalhe de as novas indústrias nacionais serem estrangeiras. O paradoxo não é muito notado na historiografia da industrialização brasileira.

Com o tempo, o número e o volume de produção e vendas do conjunto das filiais no exterior foi crescendo (relativamente ao que se passava nas suas "matrizes"), a ponto de mudar a natureza dessas organizações, que deixaram de ser federações de réplicas da "empresa mãe" e foram assumindo uma nova personalidade como uma "rede" distintamente transnacional.

Tabela 5: **Propensões a exportar -- MOFAs (Majority Owned Foreign Affiliates), filiais de multinacionais americanas, 1966-2014**

	1966	1977	1984	1990	1995	2000	2005	2010	2014
Todos os países	18,6	30,8	37,3	39,3	42,4	44,5	45,6	44,3	43,4
Canadá	16,1	29,9	39,4	40,1	47,7	43,2	39,3	37,0	27,8
Europa	25,8	37,7	42,2	42,4	45,3	47,9	49,4	51,2	51,9
Brasil	3,0	8,7	19,2	13,6	14,0	22,4	32,3	25,1	17,5
México	3,2	10,4	23,9		45,9	48,8	44,7	45,1	36,6
"Tigres" asiáticos*	n.d.	81,2	74,3	65,4	62,6	59,3	52,5	52,2	53,1

"Tigres" são a combinação de Hong Kong, Singapura, Coreia do Sul e Taiwan. Fonte: US Department of Commerce.

Existem muitos ângulos de observação para esse fenômeno, talvez o mais central da globalização: é como se a divisão internacional do trabalho se aprofundasse *dentro da empresa*, favorecida pelo avanço em tecnologias de informação, gerenciamento e coordenação de atividades internacionais, o que pode ser documentado: (i) pelos números da Tabela 5 com as "propensões a exportar", ou a parcela da produção total de cada filial destinada ao mercado externo; (ii) pelo crescimento explosivo do fenômeno do "comércio intrafirma" (entre partes relacionadas), que já nos anos 1990 tinha ultrapassado 1/3 do comércio mundial;[148] e (iii) pelo surgimento e crescimento do fenômeno conhecido como "Cadeias globais de valor" (GVCs – Global Value Chains), por onde transitava nada menos que metade do comércio mundial em 2020.[149]

A produção industrial passou a ser um fenômeno internacional, como nunca antes. Obviamente, quanto mais restrições ao comércio internacional tiver o país, mais afastado estará desse fenômeno. Portanto, quanto mais fechado for o Brasil, menor será a indústria dentro do país, ressalvada a produção de carroças e cacarecos, é claro. Reforçando o que foi dito no Capítulo 1: ninguém está obrigado a adotar as melhores práticas internacionais, cada país é soberano para fazer escolhas infelizes.

É interessante reparar na Tabela 5 que, para o Brasil e para o México, paradigmas da substituição de importações nos anos 1950 e 1960, as propensões a exportar das empresas dessa amostra, composta apenas de filiais americanas,[150] são muito pequenas, da ordem de 3% do total, muito menor do que o praticado por filiais estrangeiras localizadas em outras partes do mundo. Na pesquisa de 1977 já aparecem as filiais na Ásia emergente, para as quais não havia registro em 1966, com propensões a exportar superiores a 80% na partida. Fica nítido que o investimento direto americano na Ásia possui uma clara orientação *exportadora*, em contraste com o que se passa na América Latina, onde a prioridade era o mercado interno. Foi assim que começou o jogo, que ainda teria muitos lances inesperados pela frente.

Note-se que, com o tempo, as propensões a exportar vão crescendo em toda parte, inclusive no México e no Brasil, com exceção da Ásia, onde começam de níveis muito altos (pois muitas das filiais estavam mesmo em zonas especiais de processamento de exportações) e vão caindo para níveis menores, indicando a presença de um mercado interno que tinha pouca expressão nos anos 1960. As propensões a exportar vão convergindo para a média mundial, que se estabiliza em proporção superior a 40%, apontando para um equilíbrio, depois da otimização da produção no interior das redes de filiais de cada empresa e do amadurecimento de suas respectivas "cadeias globais de valor".

Em tempos mais recentes, o processo de internacionalização das empresas multinacionais se acelerou ainda mais, diante da ascensão industrial da China e do investimento estrangeiro no exterior de países emergentes. O Brasil bem poderia estar na crista da onda desse vendaval de transformações, pois a presença de multinacionais no país é imensa e muitas empresas brasileiras ensaiaram seus primeiros passos para se tornarem multinacionais. Mas não aproveitamos a oportunidade. Na verdade, estávamos no jogo sem saber.

6.3. O Brasil e sua globalização espontânea

De muitas maneiras, o investimento direto estrangeiro (tecnicamente aferido pela integralização por investidores não residentes do capital de empresas constituídas no Brasil) *substitui* o comércio exterior. Era a lógica da chamada "substituição de importações", especialmente observada do ângulo dos exportadores estrangeiros impedidos de acessar o mercado brasileiro e que vinham se instalar dentro do país, a fim de atender a seus clientes. Assim sendo, paradoxalmente, ao promover a autarquia (a autossuficiência) o Brasil trouxe as multinacionais para dentro de casa e se internacionalizou. E o fez em um grau que talvez apenas tenha se tornado visível nos anos 1990, quando o BCB passou a publicar os resultados do Censo para o Capital Estrangeiro no Brasil.

De muitas maneiras, o investimento direto estrangeiro acabou trazendo a globalização para dentro do país, e as fórmulas precisas podem ser vislumbradas pelos números apresentados na seção anterior: as filiais de empresas multinacionais aqui estabelecidas eram parte da dinâmica pela qual se formaram as GVCs (cadeias globais de valor) e suas mecânicas de *outsourcing* e *offshoring*.

Qual o resultado desses processos para o Brasil? O que aconteceu com as filiais brasileiras com a passagem do tempo? Em que medida, mesmo sem saber, o Brasil já estava profundamente inserido na globalização?

Aproveitando-se de dispositivos esquecidos da velha lei que rege o capital estrangeiro, a Lei n. 4.131/1962 (arts. 55-58), o BCB, em 1995, passou a enviar um questionário de preenchimento obrigatório para todas as empresas com mais de 10% do capital votante (ou 20% do capital total) de titularidade de não residentes.[151] Os questionários teriam informações sobre comércio exterior e empregos, por exemplo, além de informações contábeis organizadas para cada grupo econômico.

Nunca antes o BCB havia solicitado informações a essas empresas, excetuadas as instituições financeiras, que não tivessem a ver com sua movimentação cambial. Como se o capital de investimento direto só tivesse importância para o balanço de pagamentos.

A Tabela 6 resume algumas informações básicas de três dos censos já realizados, com intervalos de uma década entre um e outro, com as posições de 1995, 2005 e 2015.

Tabela 6: **Empresas estrangeiras no Brasil, indicadores diversos de desempenho e impacto econômico**

	1995	2005	2015
Empresas declarantes	6.322	17.605	19.537
Faturamento (R$ milhões)	223	1.294	3.486
PIB (valor adicionado) do grupo (R$ milhões)	126	734	1.977
Como % do PIB do Brasil	18%	34%	33%
Valor em US$ (bilhões) do PIB do grupo	138	302	592
Exportações (US$ bilhões)	22	65	66
% do total do país	43%	50%	29%
% do PIB do grupo	16%	22%	11%
MOFAs no Brasil	14%	32%	18%
Per capita do grupo (US$)	16.272	31.071	19.304
Per capita do Brasil (US$)	779	1.600	2.481
Empregos	1.352	2.092	3.419
% da população ocupada no Brasil	2,1%	2,6%	3,7%
PIB por empregado (grupo) (R$)	93,5	350,7	578,2
PIB por pessoa ocupada (R$)	10,8	26,8	17,6

Fontes: Banco Central do Brasil – Censos do Capital Estrangeiro no Brasil, várias edições; US Department of Commerce e IBGE.

A Tabela 6 oferece um ângulo de observação brasileiro para os andamentos globais das empresas multinacionais descritas na seção anterior. A tabela cobre vinte anos da existência de cerca de 20 mil empresas em operação no país, num período particularmente fértil e dinâmico para esse grupo de empresas: o acréscimo no número de declarantes entre 1995 e 2015 estaria a sugerir o surgimento de uma nova empresa estrangeira constituída no Brasil a cada 1,81 dia, ou a cada 2,62 dias úteis.

O ritmo foi especialmente intenso durante a primeira década coberta pela tabela (3,1 novas empresas investidoras, na verdade novos declarantes, por dia ou 4,5 por dia útil entre 1995 e 2005), seja porque foram os primeiros dez anos depois do Plano Real, quando a privatização sozinha trouxe para o Brasil algo como US$ 100 bilhões em investimento estrangeiro direto,[152] seja porque foi o período mais animado de formação das GVCs, quando elas aumentaram sua participação sobre o comércio total de cerca de 40% para cerca de 50%.[153]

A partir dos dados para o faturamento a cada ano, calculou-se na Tabela 6 o valor adicionado gerado pelas empresas do Censo de uma forma muito simplificada: através da relação observada em 2010 entre valor bruto da produção e o valor adicionado apurado nas contas nacionais brasileiras: 1,7635.

Com isso, chega-se ao valor adicionado gerado pelas empresas do grupo a cada ano, que, comparado com o PIB permite verificar qual a contribuição do grupo para a geração do PIB brasileiro. Note que não se trata aqui de referenciar uma grandeza de dimensão macroeconômica ao PIB, como métrica de tamanho, como se faz, por exemplo, quando se diz que a base monetária *corresponde* a 0,5% do PIB, ou o saldo do balanço de pagamentos em transações correntes *foi equivalente* a 2% do PIB. Na Tabela 6, trata-se de efetiva geração de valor adicionado de que é composto o PIB brasileiro. Essa contribuição era de 18% em 1995 e chegou a 34% do PIB dez anos depois, nível em que se manteve até 2015.

Outra maneira de olhar essa proporção é afirmar que o PIB desse grupo de empresas seria de US$ 592 bilhões em 2015, o que equivale ao PIB de um "país" de tamanho intermediário entre Argentina e Suíça, como se fosse o 21º maior no planeta nesse ano. É curiosa a coincidência: no Brasil, é comum que se reafirme a "dimensão continental" do país fazendo comparações desse tipo referentes aos estados. São Paulo, por exemplo, segundo um *press release* da Secretaria de Imprensa do estado, se tomasse como base os dados do PIB para 2019, de US$ 603,4 bilhões, seria a 21ª economia do mundo.[154]

Pois então, os censos do capital estrangeiro nos fizeram descobrir que as empresas com participação estrangeira, três quartos das quais filiais de multinacionais, tinham, dentro do Brasil, uma expressão econômica comparável à do estado de São Paulo. Esse PIB "estrangeiro" dentro do Brasil era como um país dentro do outro, um *Brazil* dentro do Brasil, uma extraordinária janela para a nossa participação na globalização.

As exportações desse *Brazil* triplicaram no período coberto pela Tabela 6: foram de US$ 22 bilhões em 1995 para US$ 65 bilhões em 2005, nível em que permaneceram em 2015. As exportações do grupo chegaram a representar 50% das vendas do país no exterior em 2005, mas recuaram abaixo de 30% em 2015.

A propensão a exportar (razão entre exportações e valor adicionado) das empresas do grupo se eleva de 16% em 1995 para 22% em 2005, tal como ocorre com as filiais americanas operando no Brasil, conforme a estatística americana (que se refere a esse grupo como MOFAs), segundo a qual o aumento foi de 14% para 32%. De 2005 para 2015, ambos os grupos experimentam redução na propensão a exportar, as empresas do Censo, de 22% para 11%; as MOFAs, de 32% para 18%. São movimentos consistentes, de dois grupos que não são idênticos: as empresas do Censo incluem filiais de outras nacionalidades, bem como empresas que sequer possuem controle estrangeiro. Esses números parecem indicar que a propensão a exportar das empresas estrangeiras operando no Brasil é menor que a média, como seria de se esperar para empresas que operam em um ambiente hostil ao comércio exterior. Ou seja, o grau de abertura do *Brazil* não parece ser tão diferente do do Brasil, tal como o conhecemos, e poderia ser muito maior, facilmente.

As empresas dentro do *Brazil* possuem propensões a exportar muito pequenas quando comparadas ao que fazem as filiais dessas mesmas empresas localizadas em outros países, cuja propensão a exportar está na faixa de 45%, indicando com muita clareza a imensa dificuldade das filiais de multinacionais no Brasil se conectarem com suas cadeias internacionais de valor.

Pois bem, se apenas as empresas do Censo estivessem exportando na faixa de 45% de seu PIB, como fazem suas coirmãs em outras partes do mundo, suas vendas no exterior teriam sido cerca de US$ 150 bilhões *maiores* do que foram em 2015. É claro que, para isso, teriam que estar importando valor semelhante. Estaríamos falando de uma corrente de comércio de US$ 300 bilhões *adicionais*, o que acrescentaria dezesseis pontos percentuais no grau de abertura do país (do Brasil) em 2015 e o retiraria (o Brasil) da última posição entre os países da OCDE ou aspirantes à organização em matéria de abertura.

A pergunta que não quer calar é muito simples: Por que então as multinacionais estabelecidas no Brasil (ou seja, o *Brazil*) exportam tão pouco? Por que essas empresas não plugam mais intensamente as suas operações no país com suas cadeias internacionais de valor?

É claro que a resposta começa pelo fato de que todas as razões que levam o Brasil a exportar pouco, sobretudo em manufaturas, valem especialmente para as empresas estrangeiras que, como se vê a seguir, não têm problemas de competitividade nem de acesso a mercados externos. O problema é a conexão com as suas cadeias internacionais de valor.[155]

O número de pessoas trabalhando nas empresas cobertas pela Tabela 6 cresceu de 1.352.000 em 1995 para 3.419.000 em 2015. Continua a ser uma proporção muito pequena da população ocupada no Brasil: de 2,1% em 1995 a 3,7% em 2015.[156] Esse número reduzido traz duas implicações interessantes:

- As exportações *per capita* do grupo são mais de 20 vezes maiores que as exportações *per capita* do

Brasil, mas o *gap* diminuiu de 2005 para 2015, caindo a pouco menos de 8 vezes.
- A produtividade do trabalhador empregado nas empresas do grupo era pouco menos de 9 vezes maior que a média do Brasil em 1995, mas o *gap* só fez se ampliar no tempo: foi para 13 vezes em 2005 e para mais de 32 vezes em 2015.

Esses números nada menos que impressionantes estariam a sugerir que, ao se mover um trabalhador do Brasil para dentro desse outro grupo (o *Brazil*), mantendo-se tudo o mais constante, teríamos a seguinte conjectura:

- As exportações iriam aumentar, pois uma pessoa sai de um emprego pelo qual se exporta US$ 2,5 mil *per capita* para outro onde se exporta US$ 19,3 mil, um "ganho" de quase US$ 17 mil *per capita* para cada trabalhador absorvido pelo *Brazil*; analogamente.
- A produtividade iria aumentar, pois uma pessoa sai de um emprego no qual o valor adicionado *per capita* é de R$ 17,6 mil por ano e assume outro onde o valor adicionado *per capita* é de R$ 578,2 mil por ano. Se toda a diferença é apropriada como

ganho no salário, o acréscimo seria de R$ 560,6 mil por ano para cada trabalhador transferido.

É claro que são meras aproximações feitas através de uma estática comparativa crua, que ignora muitos fatores relevantes para uma avaliação precisa dos efeitos econômicos de se expandir essa parte cosmopolita do Brasil relativamente ao restante do país. Mas são números que devem motivar investigações mais cuidadosas.

As empresas da Tabela 6 exportaram US$ 66 bilhões em 2015, um número muito pequeno quando comparado ao que fazem as filiais dessas mesmas empresas em outros países, indicando a dificuldade de as multinacionais no Brasil se conectarem com suas cadeias internacionais de valor. É simples e o prejuízo é nosso: essas empresas poderiam estar exportando (e importando) o dobro ou o triplo, e não estaríamos entre os países mais fechados do mundo, além da possibilidade de deslocar quantidades razoáveis de trabalhadores para essas empresas, com os efeitos positivos conforme sugerido anteriormente.

Parece provável que a abertura, entendida como a remoção dos constrangimentos para que as empresas desse grupo participem mais ativamente de suas cadeias globais de valor, resultaria em um aumento da absorção de mão de obra nesse grupo. Os efeitos positivos sobre o PIB do Brasil podem ser muito importantes.

6.4. O isolacionismo brasileiro

Mais extraordinário que o Brasil chegar a 2017 ainda em último lugar no mundo no quesito "grau de abertura", é o país continuar a pensar da mesma forma sobre a sua inserção internacional, apesar de estar com a produtividade estagnada há 40 anos e estar entrando na quinta década perdida, com multinacionais nos deixando para operar na República Atlântica. Tudo escolha nossa. Errada, mas nossa. Tivemos o que procuramos. Infelizmente, estamos perdendo um prestígio que demoramos a acumular e que não tem a ver propriamente com a economia, nem com o nosso poderio militar. A influência internacional do Brasil, amiúde referida como *"soft power"*, tem a ver com a cultura, com o trato gentil, com a prosa, a poesia e a música, bem como com o gosto por evitar encrenca. Como será a vida sem esse *soft power*, que parece se esvair a cada dia?

Para responder, me ocorre uma tirada clássica do reitor da Universidade de Harvard, o professor Derek Bok, a propósito de queixas sobre o alto custo da educação superior nos EUA. Se você acha que educação é cara, disse ele, experimente a ignorância. Pois então, a pergunta para quem acha que *soft power* não tem importância é simples: experimente não ter, e veja como vai sair caro. Não é culpa da nossa diplomacia, que costuma oferecer um exemplo internacional de profissionalismo e competência, inclusive para defender o indefensável. Ao menos até o momento em que os chanceleres começaram a fazer política externa pensando no noticiário interno e na guerra cultural, um problema que começou bem antes de Jair Bolsonaro.

Não é fácil ser um profissional de relações internacionais quando seu país acredita que não é bom ter relações internacionais, pois elas aumentam "a dependência externa". Deve ser uma vida muito sacrificada a do diplomata brasileiro, pois sua matéria-prima é pouca, e veio se reduzindo com o tempo.

Mais recentemente, a onda populista trouxe uma penca de ideias novas, de teor nacionalista, dirigidas, em particular contra o "globalismo". Na definição do chanceler Ernesto Araújo, o globalismo é "a globalização pilotada pelo marxismo cultural". Não sei bem o que é isso, mas sem dúvida parece hostil à ideia de abertura e de participação mais ativa do país no comércio e na indústria global. Ao fim das contas, o Brasil teve pouca exposição à globalização, em se tratando de comércio internacional, como longamente argumentado neste capítulo. Isso foi uma lástima, pagamos um preço alto pela opção nacionalista, e não se pode deixar de reparar que os populismos do hemisfério norte tiveram como uma de suas motivações mais relevantes a diatribe contra os efeitos da globalização. Aqui no Brasil não tivemos esses efeitos, portanto não era para copiar essa retórica.

De forma assemelhada, a implicância com as elites burocráticas internacionais é um assunto meio vazio para nós. Pode ser importante para os ingleses que reclamam dos custos e da intromissão da burocracia da União Europeia. Nós não temos essa reclamação do Mercosul, nem nada parecido. Não há nenhuma burocracia internacional nos atrapalhando, temos errado soberanos, guiados pelas nossas próprias ideias tortas.

Tenho enorme simpatia pelos nossos diplomatas que precisam explicar o Brasil no exterior. Tarefa ingrata, e particularmente complexa para os economistas, sobretudo os que passeiam entre investidores estrangeiros, essas criaturas exigentes, cheias de manias referentes às melhores práticas internacionais.

Tive experiências mirabolantes nessa prática, especialmente quando estava no serviço público e precisava explicar aos interessados no Brasil, inclusive os investidores locais, talvez ainda mais exigentes que os estrangeiros, que a economia estava em perfeita saúde, mesmo exibindo taxas de inflação de 30% ao mês. Em retrospecto, eu confesso, era ridículo.

Dizia que a indexação era generalizada, que a inflação tinha pouco efeito nos preços relativos e variáveis reais, ou seja, dizia que a inflação brasileira era "normal" ou "neutra", e que o viciado tinha controle sobre o vício, e outras tantas coisas que me envergonho de repetir. Tudo para não violar um mandamento muito antigo, anterior mesmo à Constituição de 1988, segundo o qual não se deve falar mal do Brasil em outro idioma. Há assuntos amargos que dizem respeito apenas a nós.

Pois bem, os responsáveis pelas nossas relações internacionais encontram-se diante de um problema semelhante: nosso grau de abertura é nada menos que indesculpável e defendê-lo nos coloca firmemente no terreno do grotesco.

Muitos acham que a pandemia destruiu a globalização, bem como as cadeias internacionais de valor,[157] e acabou com a agenda da abertura. Vai ser mais um ângulo a ser explorado pelo protecionismo brasileiro; há décadas que eles se comportam como se os anos 1930 fossem se repetir, mas não foi o que se passou. Como serão os 2020? Como os 1930? Como os 1920? Ou diferente de qualquer coisa do século passado e acelerando tendências já visíveis?

Mais que nunca, e por bom motivo, o mundo parece um grande condomínio de gente preocupada com o que o vizinho anda fazendo, seja na área sanitária, no meio ambiente ou na economia. É claro que importa o que o vizinho está fazendo com a sua economia, pode ser problema ou oportunidade, todos estamos atentos.

Nessa linha, o mundo ficou mais globalizado do que antes, pois a pandemia acentuou a ideia de um "mundo plano", não o terraplanismo estrito, ou a crença de que o planeta não é redondo, mas no sentido que Thomas Friedman deu ao termo ao intitular um de seus livros dessa forma.[158] A pandemia equalizou o desafio e criou uma espécie de competição, inclusive entre províncias e cidades de um mesmo país, sobre quem poderá lidar melhor com o problema. A globalização agora se parece com um *ranking*, um concurso de beleza, uma competição sobre melhores práticas. Não há como escapar da comparação: eis um dos aspectos mais interessantes da ideia de globalização, a soberania para fazer besteira está diminuída. Nada a opor a esse conceito.

Notas

1. Em maio de 2020, Larry Summers, ex-secretário do Tesouro americano, escreveu no *Financial Times* que a pandemia já se parecia, em seus desdobramentos econômicos, com o assassinato do arquiduque em 1914 ou com a Conferência de Munique em 1938 ("Coronavirus pandemic Covid-19 looks like a hinge in history", 14/05/2020), considerando a extensão absolutamente incerta, ainda que devastadora, de seus efeitos.

2. Malu Gaspar, "Quem é feliz não pega Covid: por dentro de uma reunião no Ministério da Saúde", *Piauí*, edição 172, janeiro de 2021.

3. *Quando os fatos mudam* – Ensaios, 1995-2010 (Objetiva, 2016, com tradução de Cláudio Figueiredo) é o maravilhoso título da coletânea póstuma de artigos do historiador Tony Judt, organizada por sua mulher, Jennifer Homans, que relata na apresentação o compromisso obsessivo do marido com os dados, sua adesão à famosa máxima atribuída a Keynes ("quando os fatos mudam, mudam também as opiniões") e que, nesses ensaios sobre atualidade (*"our age"*), Judt "se encontrava crescente e infelizmente contra a corrente e usando todo o seu poderio intelectual para manobrar o trem das ideias para uma direção diferente". A atualidade não deve ser tópico fora do alcance do historiador, longe disso.

4. Marc Bloch, *Apologia da história ou O ofício do historiador*, Rio de Janeiro: Jorge Zahar Editor, 2001, p. 60-61.

5. Tomo aqui como exemplo e diretriz a fala de Jorge Caldeira, no posfácio à sua monumental *História da riqueza do Brasil*: cinco séculos de pessoas, costumes e governos, Rio de Janeiro: Estação Brasil, 2017, p. 601; quando diz que "desta vez, fui além, abri uma exceção [à regra de escrever apenas sobre aquilo que já assentou], entrei por onde não devia, a área contaminada pelo presente ou, pior ainda, pelas expectativas com relação ao futuro".

6. Há também as notas que são inseridas entre os tijolos do Muro das Lamentações, com as preces e desejos dos fiéis. O espaço é limitado e por isso as mensagens são recolhidas duas vezes por ano, e há um debate sobre se é mais apropriado queimá-las ou enterrá-las.

7. A. Maddison, *The World Economy*, vol. 2. *Historical statistics,* OECD Development Centre Studies, 2006, p. 520. Há muitas outras tentativas de se estimar o PIB brasileiro no século XIX. As discrepâncias de resultados são mínimas, especialmente considerando as dificuldades metodológicas e lacunas de informação. Maddison permanece sendo a fonte mais aceita na historiografia. O uso de "dólares constantes", ou da metodologia de paridade de poder de compra, ao invés de taxas de câmbio, é uma opção consagrada e a escolha de ano base (nesse caso 1990) não tem tanta importância, como Maddison explica (p. 171). Para um trabalho recente, ver G. Tombolo & A. V. Sampaio "O PIB brasileiro nos séculos XIX e XX: duzentos anos de flutuações econômicas", *Revista de Economia*, v. 39, n. 3 (ano 37), p. 181-216, set./dez. 2013.

8. Essa observação foi feita recentemente por E. Gianetti em *O elogio do vira-lata e outros ensaios*, São Paulo: Cia das Letras, 2018, p. 16; e também por G. H. B. Franco em "A aventura modernizadora", em E. Bacha *et al.* (orgs.) *130 anos: Em busca da República*, Rio de Janeiro: Editora Intrínseca, 2019, p. 32. Essa observação reflete impressões sobre dados mais recentes, mais aperfeiçoados, de historiadores de gerações anteriores, como N. Neff em "Economic development in Brazil, 1822-1913", em S. Harber (org.) *How Latin America Fell Behind: Essays on the Economic Histories of Brasil and Mexico, 1800-1914*, Stanford: Stanford University Press, 1997.

9. A conferência, de 1990, organizada por John Williamson, depois se converteu em um livro: J. Williamson (org.) *Latin American Adjustment: how much has happened?* Washington: The Institute of International Economics, 1990. A polêmica expressão veio do *background paper*, escrito por

Williamson e distribuído aos participantes antes da conferência e que tinha como título *What Washington Means by Policy Reforms*. Para o relato detalhado, ver John Williamson "A Short History of the Washington Consensus", em Narcís Serra & Joseph Stiglitz (orgs.) *The Washington Consensus Reconsidered: towards a new global governance*, Oxford: Oxford University Press, 2008.

10. "Reuniões desse tipo, quando chegam a conclusões assim tão firmes, com frequência geram coisas como 'O Compromisso de Roma', 'O Tratado de Viena' ou a 'Carta de Aracaju'. Se o IIE tivesse feito o seminário em Abdijan ou em Timboktu, o Consenso teria outro nome e seguramente o 'Consenso de Timboktu', como o de Aracaju, não estaria sendo criticado como o de Washington." Cf. G. H. B. Franco, "O consenso de Aracaju" (*O Estado de S. Paulo* e *Jornal do Brasil* de 06.08.2000), reproduzido em *Crônicas da convergência: ensaios sobre temas já não tão polêmicos*. Rio de Janeiro: Topbooks e BM&F, 2006, p. 55.

11. Conforme ele explica: "para esse propósito, 'Washington' significa primariamente o FMI, o Banco Mundial, o governo americano (o ramo executivo), embora o termo procure incluir também, ao menos, o BID, os membros do Congresso Americano que se interessam por temas latino-americanos e os *thinktanks* que trabalham com políticas econômicas". Cf. J. Williamson, *op. cit.*, 1990, p. 1.

12. G. H. B. Franco, *op. cit.* 2006, p.56.

13. Williamson, *op. cit.*, 2008, p. 29. A expressão em inglês *to jump on one's grave* (pular a cova de alguém, traduzindo ao pé da letra) contém um elemento que se perde, nessa frase, a saber: a ideia de desonrar um legado. Essa seria a razão pela qual, inclusive, Hamlet teria pulado *para dentro* e não *por cima* da cova de Ofélia na célebre cena do cemitério, consumido pela culpa.

14. Existem muitas revisões do Consenso de Washington e muitas listas de

"reformas de segunda geração". Trabalha-se aqui apenas com a mais recente. Ver D. Rodrik "Goodbye Washington Consensus. Hello Washington Confusion? A review of the World Bank's Economic Growth of the 1990s: learning from a Decade of Reform", *Journal of Economic Literature*, volume XLIV, n. 4, dez. de 2006.

15. The World Bank. *Doing Business 2020*: comparing business regulation in 190 economies. Disponível em: https://openknowledge.worldbank.org/bitstream/handle/10986/32436/9781464814402.pdf. Acesso em: 26 de fev. 2021.

16. As agências de classificação de risco (Moody's, Standard & Poor's e Fitch, as principais) usam muitas metodologias para avaliar a qualidade do crédito do cliente (empresa ou país, é o cliente quem contrata ao serviço). Mas todas adotam a conceito pelo qual há certa nota "mediana" abaixo da qual o investimento é "especulativo" ou muito arriscado. Tal como se fosse uma nota mínima para "passar de ano". Este é o "grau de investimento".

17. Para o ano de 2019, o Brasil ocupava a posição 144 entre 186 países arrolados no Índice de Liberdade Econômica feito pela Fundação Heritage; a posição 106 entre 162 países no Índice de Liberdade Econômica feito pelo Instituto Fraser; a posição 71 entre 141 países no índice de Competitividade produzido pelo WEF; e a posição 59 entre 63 países no índice de Competitividade calculado pela IMD.

18. É sempre animada a discussão sobre o que deve ser o currículo universitário mínimo, sendo certo, todavia, que não fazer o curso universitário é uma alternativa inferior.

19. Não há uma boa tradução para *"woke"*, um termo que não chegou ainda ao Brasil, uma doutrina situada um passo além do "politicamente correto", como se fosse sua expressão fundamentalista, e que estaria próxima da chamada "cultura do cancelamento".

20. Christina Davis, *More than Just a Rich Country Club*: Membership Conditionality and Institutional Reform in the OECD, *Scholars at Harvard*, June, v. 26, 2016.

21. CNI, *O Brasil na OCDE*: um caminho natural. Propostas da Indústria 2018, eficiência do Estado, governança e desburocratização, Documento n. 1, Brasília: CNI, 2018.

22. Em maio de 2008 pela Fitch e em julho de 2009 pela Moody's.

23. Conforme o histórico narrado em Geanluca Lorenzon "A formação da Lei de Liberdade Econômica como parte de política pública", em Amanda F. de Oliveira (org.), *Lei de liberdade econômica e o ordenamento jurídico brasileiro*. Belo Horizonte: Editora D'Plácido, 2020; e também na apresentação de Floriano P. M. Neto *et al.* (orgs.), *Comentários à Lei da Liberdade Econômica, Lei 13.874*, São Paulo: Thomson Reuters Brasil/Revista dos Tribunais, 2019.

24. Tal como tratado por Carl Sagan em *O mundo assombrado pelos demônios:* a ciência vista como uma vela no escuro. São Paulo: Companhia das Letras, 1996, originalmente publicado em inglês em 1995; e Martin Gardner *The Night is Large:* collected essays 1938-1995, Nova York: St. Martin's Griffin, 1996. Uma ótima coletânea mais recente é a organizada por Allison B. Kaufman e James C. Kaufman (eds.), *Pseudoscience:* the conspiracy against Science, Cambridge: The MIT Press, 2018.

25. A ficção parece pálida diante da "dimensão do realismo fantástico num país em que o presidente acha que a vacina nos transforma em jacaré, oferece hidroxicloroquina para a ema do palácio e manda jornalistas enfiarem uma lata de leite condensado no rabo". *Cf.* F. Gabeira "A política que mata", *O Globo*, 01.02.2021.

26. Conforme trabalhadas em releitura recente fornecida por L. Schwarcz e H. Starling, *A bailarina da morte: a gripe espanhola no Brasil*, São Paulo:

Companhia das Letras, 2020, p. 331 *passim*. Há diferenças e semelhanças, algumas inquietantes, como o uso do sal de quinino e do comprimido de cloroquinino, vendido nas farmácias em 1918.

27. J. Santucci, em *A cidade rebelde:* as revoltas populares no Rio de Janeiro no início do século XX, Rio de Janeiro: Casa da Palavra, 2008, dá detalhes não apenas da Revolta da Vacina, de 1904, mas também da Revolta das Carnes Verdes, de 1902, e da Greve Geral, de 1903.

28. José Murilo de Carvalho, *Os bestializados:* o Rio de Janeiro e a República que não foi, São Paulo: Companhia das Letras, 2. ed., 1987.

29. Nicolau Sevcenko, *A revolta da vacina:* mentes insanas em corpos rebeldes, São Paulo: Cosac Naify, 2010, p. 120.

30. Carvalho, *op. cit.*, p. 133, 139. É verdade que há certo viés na historiografia que enquadra o episódio no cânone da revolta operária, ou de insurreição popular, ou seja, algo contra o capitalismo. Mas não foi bem isso.

31. *Ibid.* p. 10.

32. Sevcenko, *op. cit.*, pág. 22.

33. J. Howard e D. R. Reiss "The anti-Vaccine Movement: a litany of Fallacy and Errors", em A. B. Kaufman e J. C. Kaufman (eds) *Pseudoscience:* the conspiracy Against Science, Cambridge: The MIT Press, 2018.

34. S. Boseley, "How disgraced antivaxxer Andrew Wakefield was embraced by Trump's America", *The Guardian*, 18.07.2018.

35. G. Keogh e B. Deer, "Elle Macpherson praises her anti-vaxx lover: Supermodel says Covid pandemic is a 'divine' time to share the claims of her disgraced British ex-doctor boyfriend Andrew Wakefield", *The Daily Mail*, 20.11.2020.

36. A alusão à corrida espacial veio da denominação dada à vacina desenvolvida na Rússia, que ganhou o nome de Sputinik V.

37. Há uma magnífica coletânea recente sobre a literatura acadêmica em torno do fenômeno do populismo, organizada por C. Rovira Kaltwasser, P. A. Taggart, P. Ochoa Espejo e P. Ostiguy, *The Oxford Handbook of Populism*, Oxford: Oxford University Press, 2017.

38. A expressão se tornou célebre a partir de uma campanha publicitária premiada de 1985, para a Vodka Orloff. O comercial, imensamente popular, mostrava um desconhecido, de aparência próspera, recomendando o produto a um sujeito em um bar; em seguida, ele se identificava: "eu sou você amanhã." Curiosamente a expressão achou uma utilização muito frequente para os paralelismos abundantes nas trajetórias econômicas da Argentina e do Brasil.

39. No hemisfério Norte é comum se observar que o ressentimento com a globalização teria sido importante para o fenômeno do populismo, inclusive, às vezes referido como "nacional-populismo". Ver, por exemplo, em R. Eatwell e M. Goodwin, *Nacional-populismo: a revolta contra a democracia liberal*, Rio de Janeiro: Editora Record, 2020.

40. Vale o registro que o mesmo fenômeno se repetiu na eleição presidencial de 2014, quando Dilma Rousseff foi reeleita. O "semicongelamento" das tarifas públicas e o adiamento de medidas de ajuste fiscal e na política monetária, culminando com a escolha de Joaquim Levy para o Ministério da Fazenda, em 2015, supostamente para fazer o que ficou por fazer, teriam replicado a dinâmica do "estelionato" de 1986.

41. Esse é o título de um *best-seller* escrito por Tom Nichols, um especialista em relações internacionais chocado com o que foi feito com o saber convencional de sua área em tempos recentes: *The Death of Expertise: the campaign against established knowledge and why it matters*, Nova York: Oxford University Press, 2017. O livro é definido como "pueril",

ou mesmo como "besteira" por Martin Vasques da Cunha, *A tirania os especialistas*: desde a revolta das elites do PT até a revolta do subsolo de Olavo de Carvalho. Rio de Janeiro: Editora Civilização Brasileira, 2019, p. 51. É alta a temperatura desse debate.

42. Por exemplo, Gil Eyal. *The Crisis of Expertise*. Cambridge: Polity Press, 2019.

43. William Easterly, *The Tyranny of Experts*: economists, dictators and the forgotten rights of the poor, New York: Basic Books, 2013.

44. Conforme a queixa de Nassim N. Taleb *Arriscando a própria pele*: assimetrias ocultas no cotidiano, Rio de Janeiro: Editora Objetiva, 2018, Capítulo 6, "Intelectual, porém idiota".

45. Essas passagens estão baseadas em texto anterior do autor, escrito no começo da pandemia, em "Economia, pistas do que vai ser", em J. R. de Castro Neves (org.), *O mundo pós-pandemia*: reflexões sobre uma nova vida, Rio de Janeiro: Editora Nova Fronteira, 2020, p. 32-33, *passim*; e também em *Economia*: o que vem sendo e o que pode ser, em IEPE/Casa das Garças, Texto para Discussão n. 58, abr. de 2020. Disponível em: https://iepecdg.com.br/wp-content/uploads/2020/04/Economia-texto-JRCN25_limpo.pdf. Acesso em: mar. de 2021.

46. Carl Sagan, *O mundo assombrado pelos demônios*: a ciência vista como uma vela no escuro, São Paulo: Companhia das Letras, 1995, p. 230-31.

47. Schwarcz e Starling, *op. cit.*, p. 214.

48. Dan Josua, "Superstições e a cloroquina: entenda o que ambas têm em comum", *Blog do Dan Josua*, 9 de jul. 2020. Disponível em: https://danjosua.blogosfera.uol.com.br/2020/07/09/danca-da-chuva-e-a-cloroquina-entenda-o-que-ambas-tem-em-comum/. Acesso em: mar. de 2021.

49. Em tradução literal, "As leis básicas da estupidez humana".

50. É o capítulo 5 de seu livro *Como matar a borboleta azul:* uma crônica da era Dilma, Rio de Janeiro: Editora Intrínseca, 2016, p. 199-202.

51. R. Musil, *Sobre a estupidez*. Biblioteca antagonista, São Paulo: Editora Âyiné, 2016, p.16.

52. P. A. Mendonça et al., *Manual do perfeito idiota latino-americano*, Rio de Janeiro: Bertrand Brasil Editora, p. 16-17.

53. C. C. Cipolla. *The Basic Laws of Human Stupidity*. Bolonha: Il Mulino, 2011, p. 25. Tratando de cientistas, em particular, vale lembrar que é para coibir a estupidez que existem mecanismos que asseguram a impessoalidade do método, por exemplo, a *peer review*.

54. UOL Notícias, Redes sociais deram voz à legião de imbecis, diz Umberto Eco. UOL Notícias, Turim, 11 jun. de 2015. Disponível em: https://noticias.uol.com.br/ultimas-noticias/ansa/2015/06/11/redes-sociais--deram-voz-a-legiao-de-imbecis-diz-umberto-eco.jhtm. Acesso em: 05 out. de 2020.

55. Cipolla, *op. cit.* p. 47.

56. *Ibid.* p. 62.

57. *Ibid.*

58. Cipolla *op. cit.* p. 63.

59. A. Tettamanzi e C. C. Pereira, "Testing Carlo Cipolla's Laws of Human Stupidity with Agent-Based Modelling", *IEEE/WIC/ACM International Conference on Intelligent Agent Technology, IAT 2014*, Aug. 2014, Warsaw, Poland, p. 246-253. Disponível em: https://hal.archives-ouvertes.fr/hal-01085988/file/testing-cipolla.pdf. Acesso em: 28 de jan. 2021. Para uma variante interativa, na qual o leitor pode imputar seus próprios parâmetros, ver NetLogo. "Netlogo User Community Models". Disponível em: http://ccl.northwestern.

edu/netlogo/models/community/Cipolla's%20Stupid%20World. Acesso em: 14 de fev. 2021.

60. G. H. B. Franco, *Leis secretas da economia*, Rio de Janeiro: Editora Zahar, 2012, p. 36.

61. Tettamanzi e Pereira, *op. cit.* p. 8.

62. Já percebida, como em "O óbvio ululante e a ascensão dos idiotas", crônica de Nelson Rodrigues, de 23/11/1968, reproduzida em *Brazil Journal*, em 24/05/2020.

63. Passagens de Nelson Rodrigues: *O óbvio ululante: primeiras confissões – crônicas*. São Paulo: Companhia das Letras, 2013, p. 208-209 (crônica de 15 de abril de 1968).

64. S. Greenblatt. *Tyrant: Shakespeare on politics*. New York. W. W. Norton & Co., 2018, p. 186.

65. D. M. Kahan, E. Peters, E. Dawson & P. Slovic "Motivated Numeracy and Enlightened Self-Government" (September 3, 2013). Behavioural Public Policy, 1, 54-86, Yale Law School, *Public Law Working Paper* n. 307. Disponível em: https://ssrn.com/abstract=231999. Acesso em: 28 de jan. 2021.

66. Há diferenças nas proporções na segunda e terceira casa decimal que podem ser ignoradas.

67. Ver D. Kahan & E. Petters, "Rumors of the 'Nonreplication' of the 'Motivated Numeracy Effect' Are Greatly Exaggerated". Disponível em: http://www.culturalcognition.net/browse-papers/rumors-of-the-non-replication-of-the-motivated-numeracy-effe.html. Acesso em: 14 de fev. 2021.

68. Conforme o enunciado de Laura Carvalho, "se a crise de 2008 pode ser encarada [...] como o momento da 'vingança de Keynes' [...], no Brasil a crise da covid-19 pode ser vista, por exemplo, como a vingança da

Constituição de 1988, do SUS, das universidades públicas e institutos de pesquisa, do BNDES ou do senador Eduardo Suplicy – histórico defensor da renda básica da cidadania." *Cf.* Laura Carvalho, *Curto-circuito:* o vírus e a volta do Estado, São Paulo: Editora Todavia, 2020, p. 121-122.

69. Latinobarómetro: Brazilians lack faith in institutions, *The Brazilian Report*, 8 nov. 2017. Disponível em: https://brazilian.report/latin-america/2017/11/08/latinobarometro-2017-brazil-trust. Acesso em: 06 de out. 2020.

70. Jorge Caldeira, *A nação mercantilista* – ensaio sobre o Brasil. São Paulo: Editora 34, 1999.

71. Idem, *História da riqueza do Brasil:* cinco séculos de pessoas, costumes e governos. Rio de Janeiro: Estação Brasil, 2017, p.142.

72. Gustavo H. B. Franco, "Primavera liberal", *Interesse Nacional*, ano 11, n. 44, jan-mar. 2019, p. 19-20.

73. Entrevista de Sergio Fausto à jornalista Cristina Klein, "Crescimento pode favorecer projeto autoritário de Bolsonaro", *Valor Econômico*, 26 de dez., 2019. Disponível em https://valor.globo.com/politica/noticia/2019/12/26/crescimento-pode-favorecer-projeto-autoritario-de-bolsonaro-diz-sergio-fausto.ghtml. Acesso em: mar. 2021.

74. Outrora ministérios independentes, Fazenda, Planejamento, Trabalho, Previdência e Indústria e Comércio agora estão reunidos no Ministério da Economia.

75. Para detalhes sobre essa história, postos no contexto da posição de Paulo Guedes junto a Jair Bolsonaro, veja-se a carta a Roberto Campos, em José Roberto de Castro Neves (org.), *Brasileiros*, Rio de Janeiro: Editora Nova Fronteira, 2020.

76. Essa segunda parte do *Fausto* de Goethe é o assunto do livro de Hans

Binswanger, *Dinheiro e magia*: uma crítica da economia moderna à luz do *Fausto* de Goethe, Rio de Janeiro: Jorge Zahar Editora, 2010, com prefácio de Gustavo H. B. Franco ("Fausto e a tragédia do desenvolvimento brasileiro").

77. Thomas Mann. *The Story of a Novel:* the genesis of Doctor Faustus, New York: Alfred A. Knopf, 1961, p.6.

78. John Weitz, *Hitler's Banker:* Hjalmar Horace Greeley Schacht, Boston: Little, Brown and Company Editors, 1997, p. 183.

79. G. H. B. Franco, Prefácio para a obra *Setenta e seis anos de minha vida*, de Hjalmar Schacht, São Paulo: Editora 34, 1999.

80. Leon Goldensohn, *As entrevistas de Nuremberg:* conversas de um psiquiatra com os réus e as testemunhas, São Paulo: Companhia das Letras, 2004, p. 272.

81. De acordo com a Nota Explicativa n. 22 das Demonstrações Financeiras da Emgepron para o ano fiscal de 2020, a União, "com o objetivo de recompor o núcleo do poder naval da Marinha do Brasil", fez um adiantamento para futuro aumento de capital na companhia nesse valor para a construção de 4 fragatas da classe Tamandaré e um navio de apoio antártico.

82. Para as diversas medidas e respectivas correlações com métricas de desempenho econômico, ver Bráulio Borges, "Estado no Brasil: tamanho, composição e consequências", em F. Salto e J. A. Pellegrini (orgs.), *Contas públicas*, São Paulo: Editora Saraiva, 2020.

83. G. Tinoco, "As regras fiscais e seu papel na organização das finanças públicas", em F. Salto e J. A. Pellegrini (orgs.), *Contas públicas*, São Paulo: Editora Saraiva, 2020, p. 325.

84. Existem oito Ações Diretas de Inconstitucionalidade (ADIs) no STF, re-

latadas pela Ministra Rosa Weber, referentes ao teto de gastos, segundo a Coalizão Direitos Valem Mais, que assina o documento "O teto de gastos e os Dhesca: impactos e alternativas". Cf. E. Dweck, P. Rossi e A. L. M. de Oliveira (orgs.), *Economia pós-pandemia:* desmontando os mitos da austeridade fiscal e construindo um novo paradigma econômico, São Paulo: Editora Autonomia Literária, 2021, nota 97, p. 198. DHESCA é um acrônimo para "direitos humanos, econômicos, sociais, culturais e ambientais".

85. Os *entitlements*, na linguagem orçamentária americana.

86. Há um grau de liberdade, pois a EC95 prevê que nos dez anos finais possa se alterar o método de correção dos limites por meio de lei complementar.

87. O cálculo era que o rompimento ocorreria em algum momento entre 2020 e 2023. Tinoco, *op. cit.*, p. 329.

88. A EC106 criava um regime fiscal excepcional durante a vigência de um estado de calamidade pública definido por um Decreto Legislativo (DL06/2020), um "ato da mesa". Nesse formato ficava evidente o risco de o regime excepcional se descolar da calamidade que o causou. Cf. G. H. B. Franco "Os riscos do orçamento de guerra", em *Brazil Journal,* de 31/07/2020. Disponível em https://braziljournal.com/os-riscos-do--orcamento-monetario-de-guerra. Acesso em 15/03/2021.

89. Thomas Conti, "A crise tripla da covid-19: um olhar econômico sobre políticas públicas de combate à pandemia", INSPER: São Paulo. Versão 1.1, 6 de abr. de 2020.

90. Segundo Roy Harrod, amigo e biógrafo de Keynes: "queixas foram muitas que na elaboração de sua *Teoria geral* Keynes trabalhou preponderantemente com o problema do desemprego. Deficiência de demanda era a doença prevalente nos anos dos entreguerras, e Keynes manti-

nha-se atento nos problemas práticos. Em *How to Pay for the War* Keynes aplicou sua técnica de análise à economia do excesso de demanda." Roy Harrod, *The Life of John Maynard Keynes*. New York: Hartcourt, Brace and Company, 1951, p. 490.

91. Tomo emprestada a referência usada pelo professor Rogerio Werneck em seu artigo "O que mais falta é lucidez", em *O Globo* de 17/04/2020, e a sua tradução. Meus agradecimentos ao professor pela disponibilização do material. O original é dos *Collected Writings of John Maynard Keynes*, vol. IX – *Essays in Persuasion*. Donald Moggridge (ed.), p. 372-73.

92. PLP34/2020, apresentado em março de 2020, de autoria, ou patrocínio, de duas lideranças destacadas do chamado "Centrão": os deputados Wellington Roberto (PL-PB) e Arthur Lira (PP- AL), que posteriormente se tornaria presidente da Câmara dos Deputados. Lira é o autor do pedido de urgência para votação desse projeto.

93. Por exemplo, em Reinhart, Carmen M. e M. Belen Sbrancia, "The Liquidation of Government Debt". *NBER Working Paper*, n. 6.863, mar. 2011; e Rudiger Dornbusch & Holger Wolf. "Monetary Overhang and Reforms in the 1940s". *NBER Working Paper Series*, n. 3.456, out. 1990.

94. A. C. Abrão, "Responsabilidade fiscal não é contraposição à sensibilidade social", *O Estado de S. Paulo*, 02 de fev.2021. Disponível em: https://economia.estadao.com.br/noticias/geral,responsabilidade-fiscal-nao-e-contraposicao-a-sensibilidade-social,70003602211. Acesso em: mar. 2021.

95. TCU, "Auditoria operacional sobre obras paralisadas". Acórdão: 1.079/2019, TCU, Plenário, 15/5/2019.

96. Endereço do BNDES no Rio de Janeiro.

97. Em taxas anuais. Notar que nessa época ainda se media a taxa de inflação, bem como a Selic, através de taxas mensais. Daí, talvez, um certo estranhamento do leitor que viveu esses dias difíceis.

98. Parágrafo 20, Ata de 8/9 de dezembro de 2020. Disponível em: https://www.bcb.gov.br/publicacoes/atascopom/09122020. Acesso em: 17 mar. 2021.

99. Segundo a Ata da 237ª reunião, o "decidiu iniciar um processo de normalização parcial, reduzindo o grau extraordinário do estímulo monetário" ao aumentar a Selic em 0,75%. Disponível em: https://www.bcb.gov.br/publicacoes/atascopom. Acesso em: 26 mar. 2021.

100. Antes da EC40 prevalecia o entendimento que a Lei n. 4.595/1964 era recepcionada como lei complementar e apenas poderia ser alterada por uma única lei complementar que dispusesse sobre todos os assuntos do artigo 192, em sua redação original. Por isso não se conseguiu nem regulamentar os 12%, nem efetuar nenhuma alteração na governança da política monetária no nível de lei complementar. O sistema de metas de inflação tinha como base um decreto do presidente (Decreto 3.088/1999) e resoluções do Conselho Monetário Nacional. Para detalhes, ver G. H. B. Franco, *A moeda e a lei*, uma história monetária brasileira – 1933-2013. Rio de janeiro: Editora Zahar, 2017, cap. 9.

101. Antes dessa lei, na arquitetura da Lei n. 4.595/1964, era o CMN (Conselho Monetário Nacional) o depositário dos objetivos pertinentes à estabilidade da moeda, ciclos econômicos, câmbio, regulação financeira, sistemas de pagamentos, bem como o responsável por atinar para desequilíbrios regionais (art. 3º, Lei 4.595/1964), cabendo ao Banco Central apenas executar essas diretrizes. Com a nova lei, o BCB passou a ter como "objetivo fundamental assegurar a estabilidade de preços" (art. 1º), cabendo ao CMN estabelecer "as metas de política monetária" (art. 2º). É o sistema de hoje, promovido ao *status* de lei complementar.

102. Dois outros dirigentes teriam mandato até 31/1/2023; outros dois até 28/02/2023; e o dois restantes até 31/12/2023. Cf. Artigo 8º, LC179/2020.

103. Eduardo Gianetti, *O valor do amanhã*: um ensaio sobre a natureza dos juros, São Paulo: Companhia das Letras, 2014, p.151-152.

104. A esse respeito vale ler a entrevista de Ricardo Paes e Barros "Idosos ricos deveriam ajudar a pagar a conta da pandemia, diz economista", *Folha de S. Paulo*, 27/02/2021. Disponível em:https://www1.folha.uol.com.br/mercado/2021/02/idosos-ricos-deveriam-ajudar-a-pagar-a--conta-da-pandemia-diz-economista.shtml. Acesso em: 18/3/2021.

105. Assunto negociado entre o BCB e o Senado, que resultou numa solução que redesenhou o produto "cheque especial", por meio da Resolução 4.765, de 27 de novembro de 2019, do Conselho Monetário Nacional (CMN). Entre outros pontos, a resolução estabeleceu limite para a taxa de juros cobrada (8% ao mês) e facultou a cobrança de tarifa de até 0,25% sobre o valor disponibilizado para crédito que ultrapasse R$500,00.

106. O PL1.166/2020, do Senado Álvaro Dias, conforme sua ementa, "estabelece teto de 20% ao ano para todas as modalidades de crédito ofertadas por meio de cartões de crédito e cheque especial para todas as dívidas contraídas entre os meses de março de 2020 e julho de 2021". O projeto foi aprovado no Senado e seguiu para a Câmara em 11/8/2020.

107. Essa "regra" assume inúmeros formatos, e é conhecida genericamente como "Equação de Taylor" (Taylor Rule). Sobre sua introdução e disseminação, ver E. F. Koenig *et al.* (orgs.), *The Taylor Rule and the Transformation of Monetary Policy*. Stanford: Hoover Institution Press, 2012.

108. Parágrafo #21, Ata da 233ª reunião, de 15-16 de setembro de 2020, que manteve a Selic em 2%. Essa observação é daquelas que se repetem em diferentes documentos do Copom. Na Ata referente à 234ª reunião, a observação se repetiu (#20). Também se repetiu na Ata da 236ª, a que retirou o *forward guidance* (a indicação de que a Selic não ia ser elevada em futuro próximo), e na 237ª reunião (no parágrafo # 19), que efetivamente iniciou o ciclo de alta da Selic.

109. M. Garcia, "A dupla personalidade dos juros". *Valor Econômico*, 12/02/2021.

110. Para um guia sobre a produção dos economistas em língua inglesa a respeito de assuntos relacionados à epidemiologia, ver C. Avery *et al.* "An economist's guide to epidemiology models of infectious diseases"; e E. Murray "Epidemiology's Time of Need: Covid-19 Calls for Epidemic-Related Economics", em *Journal of Economic Perspectives* 34 (4), Fall 2020.

111. O artigo 164 da Constituição proíbe expressamente o Banco Central de "conceder, direta ou indiretamente, empréstimos ao Tesouro Nacional e a qualquer entidade que não seja instituição financeira".

112. O que certamente vale, no Brasil ao menos, também para os "estímulos fiscais", bem como para os auxílios emergenciais. O Brasil não está entre os países com mais "espaço fiscal", mas está entre os cinco países que empregaram mais medidas de política fiscal para debelar a crise, segundo apresentações do presidente do BCB. Para os auxílios emergenciais, ao que parece, também se observa, no início sobretudo, uma propensão ao excesso, tendo em vista que em muitas regiões do Brasil os auxílios ultrapassaram as rendas anteriores da maior parte dos grupos beneficiados, criando certo aquecimento em determinadas regiões do país.

113. Trata-se aqui de um grupo de cerca de 300 empresas, das quais apenas 66 compunham o Ibovespa (em março de 2021), o índice para o preço das ações das companhias mais negociadas, ponderado pelo tamanho do movimento de cada uma.

114. Vale observar que medir em % do PIB ou em moeda constante ia produzir gráficos muito parecidos, ainda que não se possa deixar de reconhecer que cada uma dessas escolhas de "deflator" acentua as flutuações de determinados momentos.

115. Vale o registro que a medição do estoque de riqueza foi sempre um tema de interesse entre os economistas, especialmente nos primeiros tempos da contabilidade nacional. Gradualmente, todavia, o interesse no assunto foi se reduzindo e se concentrando no PIB, o fluxo de valor adicionado a cada ano, uma grandeza mais fácil de medir e acompanhar. Ver G. H. Franco e E. Buccini, "Riqueza e intolerância com dívida: estimativas empíricas muito preliminares", em J. C. Carvalho *et al.* (orgs.), *De Belíndia ao Real*: ensaios em homenagem a Edmar Bacha, Rio de Janeiro: Editora Civilização Brasileira, 2018.

116. Colin Crouch, *Will the Gig Economy Prevail?* Londres: Polity Press, 2019; e M. Taylor, *The Good Work:* the Taylor Review of Modern Working Practices. Londres: Department of Business, Energy and Industrial Strategy, 2016.

117. "Parecer – Medida Provisória 927, de 22/3/2020". Ordem dos Advogados do Brasil, 23 de março de 2020, signatários Felipe Santa Cruz, Antonio Fabricio de Matos Gonçalves, Mauro de Azevedo Menezes e Alessandra Camarano.

118. A interveniência de sindicatos foi objeto de uma Ação Direta de Inconstitucionalidade proposta pela Rede, que teve medida liminar concedida em 06/04/2020, pelo Ministro Luciano Lewandowski. Poderia ter sido um golpe de misericórdia sobre o novo mecanismo, mas em 17/04/2020 a liminar foi derrubada no plenário do STF.

119. IMF, "Kurzarbeit: Germany's Short-Time Work Benefit". Disponível em: https://www.imf.org/en/News /Articles/ 2020/06/11/na061120-kurzarbeit-germanys-short-time-work-benefit. Acesso em: 22 de out. 2020.

120. Olivier Blanchard, Thomas Philippon & Jean Pisani-Ferry, "A New Policy Toolkit is Needed as Countries Exit COVID-19 Lockdowns". *Peterson Institute Policy Briefs*, jun. 2020, p. 2.

121. Programa Emergencial de Manutenção do Emprego e da Renda. Brasília: Governo Federal, 2020. Disponível em: https://servicos.mte.gov.br/bem/. Acesso em: 02 de fev. 2021.

122. Blanchard *et al.*, *op. cit.*

123. Entre muitas referências, R. Caballero, T. Hoshi e A. Kashyap (2008), "Zombie Lending and Depressed Restructuring in Japan", *American Economic Review*, vol. 98, n. 5, p. 1943-77.

124. R. Banerjee e B. Hofmann, "Corporate Zombies: Anatomy and Life Cycle". *BIS Working Papers*, n. 882, September 2020.

125. D. Andrews, M. A. McGowan e V. Millot, "Confronting the Zombies: Policies for Productivity Revival". *OECD Economic Policy Papers*, n. 21/2017; e M. A. McGowan, D. Andrews e V. Millot, "Zombie firms", *Economic Policy*, Oct. 2018.

126. Essa conclusão não é um consenso na literatura. Os custos e fricções envolvidos na liquidação de empresas em estresse financeiro podem ser desproporcionais e distorcer quaisquer incentivos, como se argumenta em O. Jorda *et al.*, "Zombies at large: corporate debt overhang and the macroeconomy", *Federal Reserve Bank of New York Staff Reports*, n. 951, dez. 2020.

127. Endeavor Brasil, *Burocracia no ciclo de vida das empresas*. 2017, p. 41. Disponível em: https://www.researchgate.net/publication/321845269_Burocracia_no_Ciclo_de_Vida_das_Empress. Acesso em: 28 de out. 2020.

128. "Tantas são as hipóteses de desconsideração da pessoa jurídica ou de dilatação da responsabilidade patrimonial dos sócios que, em determinado momento, tornou-se justificável questionar se no Brasil, efetivamente, a limitação da responsabilidade seria considerada como uma eficácia em geral importante e relevante para a pessoa jurídica." R. X. Leonardo e O.

Rodrigues Jr., "A autonomia da pessoa jurídica – alteração do art. 49 do Código Civil: art. 7º", em F. P. Marques Neto, O. Rodrigues Jr. e R. X. Leonardo (orgs.), *Comentários à Lei de Liberdade Econômica, Lei 13.874/2019*. São Paulo: Editora Thomson Reuters Revista dos Tribunais, 2020, p. 265.

129. Como argumentado por João C. A. Uzêda Accioly, em "Liberdade econômica e reflexos na disciplina da desconsideração da personalidade jurídica", em Amanda F. de Oliveira (org.), *Lei de liberdade econômica e o ordenamento jurídico brasileiro*, Belo Horizonte: Editora D'Plácido, 2020.

130. Conforme relatada no livro de Bruno Meyerhof Salama, *O fim da responsabilidade limitada no Brasil: história, direito e economia*, São Paulo: Malheiros Editores, 2014.

131. Com os Comunicados 32.927/18 e 34.085/19 ficou estabelecido que o BCB "seria responsável pela definição das regras do arranjo de pagamentos instantâneos que veio a ser denominado Pix, pela implantação e operação de sua infraestrutura única e centralizada de liquidação e pela implantação e operação da base única e centralizada de dados de endereçamento do arranjo". A efetiva instituição do arranjo se deu com a Resolução BCB n.1, de 12 de agosto de 2020, cujo artigo 1º afirma simplesmente: "Fica instituído o arranjo de pagamentos Pix." O sujeito indeterminado significa, nesse caso, que a coisa é do BCB.

132. Banco Central do Brasil, "O brasileiro e sua relação com o dinheiro: pesquisa 2018". Brasília: Departamento de Meio Circulante do Banco Central do Brasil, 2018, p. 17. Disponível em: https://www.bcb.gov.br/content/cedulasemoedas/pesquisabrasileirodinheiro/Apresentacao_brasileiro_relacao_dinheiro_2018.pdf. Acesso em: 13 de dez. 2020.

133. "[...] o Lobo Guará não me parece uma escolha boa. Questão de gosto, talvez. Entendo que não basta ser um membro destacado da fauna brasileira, e espécie ameaçada, é preciso dispor de outros atributos: esse lobo está muito esquálido e tem cara de hiena má de desenho animado.

Podemos fazer melhor que isso." *Cf.* G. H. B. Franco, "O lobo concursado", *O Estado de S. Paulo*, 30/08/2020.

134. *Cf.* Kenneth S. Rogoff, *The Curse of Cash*, Princeton: Princeton University Press, p. 3.

135. Na verdade, antes mesmo da pandemia a interrupção da fabricação da cédula de R$ 100,00 já vinha sendo considerada, conforme o diálogo entre o BCB e diversas entidades da sociedade civil. Em meados de 2019, o BCB reconhecia que "já há estudos em andamento neste Banco Central sobre essa possibilidade", conforme Nota Pública de 3 de agosto de 2020, assinada pelas seguintes entidades: Transparência Partidária, Instituto Não Aceito Corrupção, Confederação Nacional das Carreiras e Atividades Típicas de Estado – Conacate, Observatório Social do Brasil, Instituto Compliance Brasil, Instituto Ethos, Associação Nacional do Ministério Público de Contas, Associação Paulista de Imprensa, Movimento do Ministério Público Democrático – MPD e Transparência Brasil.

136. Parecer Jurídico 540/2020-BCB/PGBC, de 27/08/2020.

137. A. Lahiri, "The Great Indian Demonetization", *Journal of Economic Perspectives*, 34 (1), winter 2020.

138. N. Crouzet, A. Gupta e F. Mezzanotti., "Shocks and Technology Adoption: Evidence from Electronic Payment Systems", 2019. Disponível em: https://www.kellogg.northwestern.edu/faculty/crouzet/html/papers/TechAdoption_latest.pdf. Acesso em: 13 de dez. 2020.

139. Um exemplo ilustrativo pode ser encontrado em Roberto Gianetti da Fonseca, "Em busca da abertura benigna", *Valor Econômico*, de 04/06/2018. Logo em seguida, o autor destas linhas publicou uma resposta: "Do lado errado da História", no mesmo *Valor Econômico,* mas em 11/06/2018.

140. "Guedes diz que falhou na abertura comercial e que vai ao 'ataque' para privatizar e aprovar reformas", *O Globo*, 23/11/2020.

141. De acordo com "A abertura que não houve", Fernando Dantas, *O Estado de S. Paulo*, 24/02/2021.

142. Trata-se de medida protecionista *ad hoc*, decorrente da acusação que certa importação corresponderia a *dumping*, ou estaria sendo vendida no Brasil a preços abusivamente baixos, inclusiva abaixo do custo de produção. Os produtores locais que se sentem lesados solicitam uma investigação à Secretaria de Defesa Comercial do Ministério da Economia (antigo ministério da Indústria e Comércio), que, caso aceita, resulta na suspensão das importações em tela. A ferramenta é muito usada em todo o mundo e é parte do arcabouço de defesa comercial de qualquer país. O problema é tornar rotineiro o seu uso, inclusive nos casos em que o produto estrangeiro é simplesmente melhor e mais barato.

143. Se, todavia, a aferição correta de ganhos decorrentes do isolacionismo é *negativa inclusive para o protegido*, então ele pertence, de pleno direito, à categoria dos cretinos, na definição de Cipolla.

144. Uma referência a um conjunto que inclui três rodadas de reduções tarifárias em 1988/89, 1991/93 e 1994, e mais algumas outras medidas ad hoc tomadas no contexto de iniciativas de combate à inflação. *Cf.* R. Bonelli & A. Castelar "Abertura e crescimento econômico no Brasil" em O. Barros & F. Giambiagi (orgs.) *Brasil globalizado*: o Brasil em um mundo surpreendente. Rio de Janeiro: Campus-Elsevier, 2018.

145. Bonelli & Castelar, *op.cit.*, p. 115

146. Esses números dependem fortemente dos métodos de aferição, especialmente as taxas de câmbio usadas na contabilidade das rendas nacionais. A Tabela 3 usou taxas de PPP (paridade de poder de compra). Com taxas de mercado, em 2017 a Coreia do Sul teria uma renda *per capita* equivalente a 2/3 da americana, e o Brasil algo como ¼.

147. Para se ter uma ideia das oscilações que podem ser causadas pelo câm-

bio, note-se que o PIB brasileiro de 2020, que é parecido com o de 2011, quando medido em reais constantes de 2020 (7.447 bilhões em 2020 contra 7.252 bilhões em 2011), é calculado pelo BCB em US$ 1.444 bilhões. O cálculo do BCB é de US$ 2.209 bilhões para 2011. Não houve uma variação tão grande do PIB brasileiro entre 2011 e 2020, como sugerido pelos números em dólar.

148. Vale lembrar que outro terço do comércio internacional envolvia empresas multinacionais e partes não relacionadas, e o terço restante era predominantemente de comércio em *commodities*. Era a situação para 1993, conforme exibida em *World Investment Report 1995 Transnational Corporations and Competitiveness*, New York and Geneva: United Nations, 1995, figure IV.1, p. 193.

149. As GVCs são o principal assunto do WDR (World Development Report 2020), o principal documento do Banco Mundial para o ano, com o título *Trading for Development in the Era of Global Value Chains*. Há um sumário em português com o título *Relatório sobre o Desenvolvimento Mundial de 2020: O comércio para o desenvolvimento na era das cadeias globais de valor*. Disponível em: https://openknowledge.worldbank.org/bitstream/handle/10986/32437/211457ovPT.pdf. Acesso em: 16 de fev. 2021.

150. As empresas dessa amostra são apenas as americanas e com controle americano, denominadas *Majority Owned Foreign Affiliates (Mofa)*, na linguagem do Departamento de Comércio americano.

151. Para um histórico da criação do Censo, seus dilemas conceituais e obstáculos nos primeiros anos, ver G. H. B. Franco, "O Brasil e a globalização na primeira década após o Plano Real: Os censos do capital estrangeiro no Brasil, 1995, 2000 e 2005", em E. L. Bacha e M. B. de Bolle (orgs.), *Novos dilemas da política econômica: ensaios em homenagem a Dionísio Dias Carneiro*, Rio de Janeiro: IEPE/CDG/Editora LTC, 2011.

152. Na aquisição de participações vendidas sob o PND (Programa Nacional de Desestatização).

153. *World Development Report 2020, op. cit.* p. 2.

154. O título da nota é "São Paulo é o 21º colocado no *ranking* das maiores economias do mundo". Disponível em: https://www.saopaulo.sp.gov.br/spnoticias/sao-paulo-e-o-21o-colocado-no-ranking-das-maiores-economias-do-mundo/. Acesso em: 16 de fev.2021.

155. A esse respeito vale reproduzir um relato de Edmar Bacha, em artigo recente: "Uma vez perguntaram a Carlos Ghosn por que os Renaults produzidos no Brasil não eram tão bons quanto os da França. Resposta dele: deixem-me importar partes e peças da Europa que eu faço Renaults tão bons quanto os de lá." Cf. E. Bacha, "Abertura já", *Valor Econômico*, 16/03/021.

156. No Relatório do IDP no Brasil 2018, com a posição para 2016, o BCB calcula uma proporção relativa ao emprego formal, e por isso encontra 9% para 2015 (Figura 21, p. 26).

157. Na verdade, já havia uma desaceleração do ritmo de crescimento do comércio global, relativamente ao PIB, desde a crise de 2008. É como se o processo de formação das GVCs tivesse amadurecido, e não parece exibir nenhum sinal de reversão. *Cf.* P. Antràs, "De-globalization? global value chains in the post-Covid-19 Age", *NBER WP Series*, n. 28.115, nov. de 2020.

158. Thomas L. Friedman, consagrado jornalista e escritor, possui vários *best-sellers*, um deles *The World is Flat: a Brief History of the Twenty First Century*, cuja edição em português teve como título *O nundo é plano* – Uma breve história do século XXI, publicado em 2007 pela editora Objetiva.

Gustavo Franco é um dos economistas mais renomados de sua geração. Teve um papel fundamental na equipe que formulou o Plano Real e foi o mais jovem presidente do Banco Central no período democrático. Formado bacharel e mestre em economia pela Pontifícia Universidade Católica do Rio de Janeiro, completou o doutorado pela Universidade de Harvard.

Começou sua carreira no serviço público em 1993 como Secretário de Política Econômica na gestão de Fernando Henrique Cardoso no Ministério da Fazenda. Em seguida, foi Diretor de Assuntos Internacionais do Banco Central. No ano de 1998, durante sua gestão na presidência do Banco Central, foi registrado o índice mais baixo de inflação na história daquela instituição. Gustavo teve papel vital nas negociações internacionais do chamado Plano Brady, na formulação do PROER e do PROES, planos de reestruturação do sistema bancário, e na implementação de inúmeras inovações na regulação e governança do sistema financeiro brasileiro.

Na iniciativa privada, fundou a Rio Bravo Investimentos, que tem atuação destacada no segmento de investimentos estruturados. Gustavo participa do Conselho de Administração de diversas empresas de capital aberto, é colunista regular dos jornais *O Globo* e *O Estado de S. Paulo* e leciona economia na PUC-Rio desde 1986.

Este é o seu décimo quinto livro. Ele tem publicado não apenas títulos de economia e finanças, como também obras sobre Machado de Assis, Shakespeare, Fernando Pessoa e Goethe.

1ª edição	MAIO DE 2021
impressão	GEOGRÁFICA
papel de miolo	PÓLEN SOFT 80G/M²
papel de capa	CARTÃO SUPREMO ALTA ALVURA 250G/M²
tipografia	DANTE MT